Knaur

D1925667

Von Frank J. Bruno sind außerdem erschienen:

Nie mehr allein (Band 82169)
Nie mehr traurig sein (Band 82170)
Gut schlafen (Band 82171)
Mach dir keine Sorgen (Band 82173)
Nie wieder schüchtern (Band 82174)

Über den Autor:
Dr. Frank J. Bruno ist Therapeut und Lehrer. Von ihm sind zahlreiche Bücher zu psychologischen Themen erschienen.

Frank J. Bruno

Nichts mehr aufschieben

Aus dem Amerikanischen von Inge Holm

Knaur

Die amerikanische Originalausgabe erschien unter dem
Titel »Stop Procrastinating« bei Macmillan General
Reference/Simon & Schuster Macmillan Company, New York

All denen, die mit dem Problem
des Aufschiebens kämpfen

Redaktion: Ilse Wagner

Deutsche Erstausgabe September 1998

Umschlaggestaltung: Agentur Zero, München
Umschlagfoto: Stock Market/Bill Miles
DTP: BücherWerkstatt Alexander von Ertzdorff, Beuerberg
Druck und Bindung: Ebner Ulm
Printed in Germany
ISBN 3-426-82172-9
5 4 3 2 1

Inhalt

Danksagung

Viele Menschen haben mich bei der Entstehung des Buches *Nichts mehr aufschieben* unterstützt. Ich danke vor allem: Barbara Gilson, der Cheflektorin bei Macmillan, die den Wert dieses Buches erkannt hat und eine helfende und schöpferische Herausgeberin ist; Jennifer Perillo, Lektorin bei Macmillan, für ihre Hilfe und ihre Wertschätzung der Thematik des Buches; George J. McKeon, Designer, dem es gelang, die Schlüsselideen in Cartoons festzuhalten; Bert Holtje, meinem Agenten, für seinen Beistand bei der Entwicklung des Buches; meiner Frau Jeanne für unsere vielen wichtigen Gespräche; meinem Sohn Franklin für unsere Diskussionen über Sprache und ihre Bedeutung; George K. Zaharoupoulos, meinem Kollegen, für seine unerschütterliche Unterstützung meiner Buchprojekte.

Vorwort

Das Aufschieben von Dingen oder Entscheidungen ist sowohl besorgniserregend als auch zerstörend. Es ist eine Säure, die die Lebensqualität zerfrißt, indem sie von der Motivation bis zur Selbstachtung alles untergräbt.

Sie können einen anschaulichen Eindruck von dem hohen Preis für das Aufschieben erhalten, wenn Sie Kapitel 1 aufblättern und die Zusammenfassung von Franz Kafkas Roman »Das Schloß« lesen.

Etwas hinausschieben ist natürlich nichts, das Ihnen *passiert.* Es wird Ihnen nicht durch äußere Umstände aufgedrängt. Statt dessen ist es etwas, das *Sie* tun. Es ist eine Verhaltensweise, und als solche unterliegt es potentiell der Kontrolle Ihrer Intelligenz und Ihres schöpferischen Willens.

Angenommen, das Aufschieben ist eines Ihrer persönlichen Probleme - kann dieses Buch Ihnen wirklich helfen, darüber hinwegzukommen?

Die Antwort lautet ja.

Nichts mehr aufschieben wird klar enthüllen:

1) w*arum* Sie etwas aufschieben,

2) w*ie* Sie wirksam mit Ihrem Hang, etwas aufzuschieben, fertig werden können.

1 Das »Ich werde es morgen machen«-Syndrom: Eine sich bietende Gelegenheit nicht nutzen

Wenn Sie einen Hang dazu haben, etwas aufzuschieben, sind Sie nicht allein.
Erledigungen und Entscheidungen hinauszuschieben ist ein Problem, das so bekannt wie der gewöhnliche Schnupfen ist. Wer weiß nicht, was es heißt, etwas hinauszuschieben? Wer hat noch nie eine lästige Pflicht auf einen späteren Tag verschoben?
Mehr als einmal habe ich entweder ein Auditorium oder Teilnehmer eines College-Kurses befragt und gebeten: »Fertigen Sie eine kurze schriftliche Liste Ihrer schlechten Angewohnheiten an. Fügen Sie jeder eine kurze Bemerkung hinzu.«
Volle sechzig Prozent der Leute, die darauf antworten, setzen das Aufschieben von Dingen auf die Liste.
Hier sind einige Beispiele von Bemerkungen, die ich erhalten habe:

1. »Ich habe Ziele, Pläne und Träume, die ich niemals erreiche. Unglücklicherweise bin ich ein Träumer, kein Mensch der Tat.«
2. »Irgendwie komme ich mit den Arbeiten im Haushalt nicht zu Rande. Es sind Rasensprenger zu reparieren, Abrechnungen zu machen, Toiletten zu reinigen, und jeder sitzt einfach da, während ich mich frage, wo ich anfangen soll.«
3. »Ich schiebe die Lernerei für eine Prüfung bis zur letzten Minute hinaus, und dann büffle ich bis spät in die Nacht. Ich bekomme lauter Vierer, wo ich Einser haben sollte.«
4. »Mein Mann und ich wollen verreisen, aber irgendwie

kommen wir nie unter die Leute.«
5. »Ich möchte abnehmen, aber ich verschiebe ständig den Gedanken an eine Diät.«
6. »Zur Hochzeit meiner Schwester muß ich mir etwas zum Anziehen kaufen. Es ist nur noch eine Woche bis dahin, und ich weiß immer noch nicht, was ich tragen werde.«
7. »Ich habe meinem Bruder seit über drei Monaten keinen Brief mehr geschrieben und ihn auch nicht angerufen. Jeden Tag denke ich daran, und keinen Tag mache ich es.«
8. »Irgendwann werde ich mit Rauchen aufhören, aber irgendwann ergibt sich irgendwie nicht.«
9. »Ich arbeite mit jemandem zusammen, mit dem ich mich gerne verabreden würde. Ich bin verliebt. Seit fast einem Vierteljahr bin ich in diese Frau vernarrt, aber ich kann anscheinend nicht vernünftig gemäß meinen Gefühlen handeln. Ich hoffe, daß sie nicht weggeht, während ich warte.«

Wenn das Aufschieben die Qualität Ihres Lebens vermindert, bekommen Sie in diesem Buch praktische Vorschläge angeboten, die Ihnen dabei helfen werden, dieser Neigung Einhalt zu gebieten.

Arten des Aufschiebens

Aufschieben ist nicht eine einzige, große schlechte Angewohnheit. Es ist möglich, verschiedene Aspekte des Aufschiebens zu betrachten, Arten des Zauderns zu identifizieren. Der analytische Vorgang der Unterteilung des Aufschiebens in einzelne Bereiche kann Ihnen dabei helfen, Ihre Verhaltenstendenz in den Griff zu bekommen.

Nachfolgend die prinzipiellen Arten des Aufschiebens:

1. **Funktionelles Aufschieben.** Eine der Bedeutungen des Aufschiebens ist einfach »verschieben oder hinausschieben«. Es gibt sicherlich Momente, in denen es angebracht und richtig ist, eine Tätigkeit zu verschieben oder hinauszuschieben. Vielleicht fühlen Sie sich wirklich nicht

gut; oder eine andere Tätigkeit ist möglicherweise wichtiger. Vielleicht haben Sie noch nicht genügend Information über etwas. Nur weil Sie zaudern, heißt das noch nicht, daß Sie unverantwortlich, faul oder unaufmerksam sind.

2. **Funktionsgestörtes oder disfunktionelles Aufschieben.** Hierbei handelt es sich um ein unnötiges Hinausschieben. Als Ergebnis dieser Art des Zauderns bleiben wichtige Aufgaben unerledigt. Chancen werden nicht wahrgenommen, Herausforderungen werden vermieden, wichtige Ziele und Träume werden nicht verwirklicht: Funktionsgestörtes Aufschieben ist selbstzerstörerisch. Es ist, wie wenn eine Frau in den Vierzigern sagt: »Ich schaue auf mein Leben zurück und denke an das, was ich getan haben könnte, was ich hätte werden können. Und ich ärgere mich über die närrische Person, die ich war.«
3. **Kurzfristiges Aufschieben.** Sie haben entweder einen Zeitplan oder einen Tagesplan, und Sie fangen nicht früh genug an. Abhängig vom Tagesplan, kann das Wort kurzfristig auf wenige Stunden oder Tage angewendet werden. Sie müssen sich für einen bestimmten Anlaß kleiden und wollen das Haus um achtzehn Uhr verlassen. Es ist kurzfristiges Zaudern, wenn Sie nicht vor viertel vor sechs Uhr anfangen, sich umzuziehen.
   Sie müssen sich auf eine wichtige Prüfung vorbereiten. Sie findet am Mittwoch, den achten November statt. Der Dozent hat Ihnen zwei Wochen Zeit zur Vorbereitung gegeben. Wenn Sie bis zwei Tage vor der Prüfung nicht dafür lernen, ist das kurzfristiges Zaudern.
4. **Langfristiges Aufschieben.** Sie haben einige hochgesteckte Ziele und große Träume. Sie wollen ein Geschäft eröffnen. Sie planen, das College zu besuchen. Sie denken darüber nach, einen Beruf zu ergreifen. Sie wollen zu weit entlegenen Orten reisen. Sie wollen einen Roman verfassen. Sie wollen Ihr eigenes Haus entwerfen und es auch bauen. Sie wollen lernen, ein Flugzeug zu fliegen. Aber da haben Sie es: Jahre sind verstrichen, und Sie haben keinen echten Anfang in Richtung der Verwirkli-

chung Ihrer Ziele und Träume gemacht.

5. **Chronisches Aufschieben.** Damit ist ein Hinausschieben von Dingen gemeint, das zu einer Angewohnheit geworden ist. Es ist hartnäckig, es ist ein Problem, und Sie leben schon seit geraumer Zeit damit. Der vollständige Begriff lautet chronisches funktionsgestörtes Aufschieben und deutet auf ein sowohl quälendes als auch selbstzerstörerisches Problem hin. Wenn in diesem Buch um der Kürze willen der Begriff chronisches Aufschieben verwendet wird, impliziert dies die Vorstellung, daß das Verhalten auch funktionsgestört ist.

Unsere Hauptüberlegungen auf den folgenden Seiten gelten dem chronischen Verschieben. Chronisches Verschieben ist ein Räuber. Es stielt Ihre Zeit und beraubt Sie der Befriedigung, die Sie als ein Ergebnis wichtiger Leistungen genießen könnten.

Das wichtigste Ziel dieses Buches besteht darin, Ihnen zu helfen, praktische Wege zu entdecken, mit chronischem Verschieben aufzuhören. Andere Formen des Zögerns werden im folgenden jedoch ebenfalls betrachtet.

Der Tolpatsch

Es ist einfach, sich einen Film mit dem Titel *Der Trottel* vorzustellen. Der Hauptdarsteller könnte sowohl ein Mann als auch eine Frau sein, abhängig vom tatsächlichen Drehbuch. Die Rolle sollte von einem Darsteller mit sowohl dramatischer als auch komödiantischer Begabung wie etwa Steve Martin oder Lily Tomlin gespielt werden. Am Ende gewinnt der Hauptdarsteller den Mann oder die Frau durch Zufall, nicht durch vernünftiges Bemühen. Wir als Publikum würden wegen der Zeitverschwendung und Patzer des Tolpatschs viel lachen. Wir lachen oft über die Unzulänglichkeiten anderer Leute. Vielleicht liegt das daran, daß wir unsere eigenen Charaktereigenschaften in übertriebener Form wie in einem Zerrspiegel sehen.

Ja, chronisches funktionsgestörtes Aufschieben kann die Grundlage einer sehr komischen Geschichte bilden. Aber es

ist nur von außen betrachtet lustig, denn an Versäumen und Verlieren ist nichts Witziges. Wie der Philosoph Voltaire gesagt hat: »Das Leben ist eine Komödie für diejenigen, die denken. Für diejenigen, die fühlen, ist es aber eine Tragödie.«
Wenn der Tolpatsch aus der Geschichte ein lebender, atmender Mensch wie Sie und ich wäre, wäre emotionaler Schmerz mit im Spiel.
Und das Ende eines derartigen Filmes wäre unrealistisch. Im wahren Leben finden wir normalerweise nicht deshalb den richtigen Menschen, weil uns das Glück in einer Laune des Schicksals zulächelt.
Nein, an Mißerfolg ist wirklich nichts Komisches oder Amüsantes. Die Zeitverschwendung ist im wahrsten Sinne des Wortes eine Verschwendung.

Die Zeitmaschine

Der bekannteste Roman von H. G. Wells ist ohne Frage *Die Zeitmaschine*. Der Held reist in die weit vor uns liegende Zukunft und stellt fest, daß die Menschheit alles verpfuscht hat. Aber die wirkliche Faszination des Romans liegt weder in seiner Handlung noch darin, wie er geschrieben ist. Die Anziehung rührt vom Gegenstand selbst her, der Vorstellung, *in der Zeit zu verreisen*. Wir sind von der Zeit fasziniert und verstehen kaum, was das ist. Wells, der sich an Einsteins Relativitätstheorie orientierte, sagte, daß die Zeit die vierte Dimension sei. (Die anderen drei sind Höhe, Breite und Tiefe). Zeit ist die vierte Dimension, weil man nicht wirklich weiß, wo sich etwas im Raum befindet, bis man weiß, wann es da ist.
Eines meiner Standard-Wörterbücher listet für das Wort »Zeit« fünfundzwanzig Definitionen auf. Anscheinend ist es ein sehr schwer definierbarer Begriff.
Wirklich? Man kann einwenden, daß wir alle intuitiv wissen, was Zeit bedeutet. Gott oder die Natur gibt uns die Grundidee bei der Geburt, das war die Ansicht des Philo-

sophen Immanuel Kant. Sogar Kinder scheinen zu wissen, daß das Ereignis A dem Ereignis B vorausgeht. Vorschulkinder haben sicherlich kein Problem damit, zu verstehen, daß das Frühstück vor dem Mittagessen kommt. Und wenn sie zu Mittag essen, erinnern sie sich an das Frühstücken. So gibt es kein Problem. Sie verstehen und verwenden den Begriff der Zeit in ihrem Denken.

Lassen Sie uns Zeit von unserem Standpunkt aus als eine Art Geschenk betrachten, die reine Substanz unseres Lebens. Ein Geschenk sollte niemals in seiner Bedeutung gemindert werden, nur weil man es ohne Anstrengung erhalten hat, weil es einfach ein Geschenk ist. Im Gegenteil, es ist wichtig für uns, Zeit als das kostbare Geschenk zu erkennen, das es ist. Stellen Sie sich vor, Sie bekommen von einem Arzt eine Diagonse, die besagt, daß Sie an einer unheilbaren, tödlich verlaufenden Krankheit leiden. Eine natürliche Reaktion darauf ist, zu fragen: »Wieviel Zeit bleibt mir noch, Doktor?« Ihr erstes Anliegen ist das Maß an Zeit, das noch bleibt.

Wenn Sie oder ich glücklich genug sind, eine durchschnittliche Spanne des menschlichen Lebens zu erleben, werden wir nach dem Nationalen Gesundheitszentrum (National Center for Health) etwa vierundsiebzig Jahre alt werden. Das sind etwa dreißigtausend Tage. Das sind viele. Aber nicht so viele, daß man es sich leisten könnte, sie zu verschwenden. Jeder Tag ist auf seine eigene Weise kostbar. Und ich spreche nicht nur von Arbeit und objektiven Leistungen. Der weise Umgang mit der Zeit erlaubt uns zu arbeiten, zu lieben und uns ausgewogen zu verhalten.

Manche Leute sprechen von »den Tag totschlagen« oder »Zeit totschlagen«. Was für eine traurige Art zu reden und zu denken. Statt dessen wollen wir lieber sagen, »den Tag nutzen« oder »den Tag genießen«. Das ist die optimale geistige Haltung.

Unsere Prognose ist übrigens ein bißchen besser, als die obige Statistik vorschlägt. Die Zahl von vierundsiebzig Jahren entspricht der Lebenserwartung bei der Geburt. Wenn Sie älter sind, wächst Ihre absolute Lebenserwartung noch,

ob Sie es glauben oder auch nicht! Das liegt daran, daß man bei jedem vorgegebenen Lebensalter die statistische Erwartung von Leuten aufgenommen hat, die vor einem gestorben sind. Wenn man folglich fünfundzwanzig Jahre alt ist, liegt die noch verbleibende Lebenserwartung bei einundfünfzig Jahren, was zusammen sechsundsiebzig Jahre macht. Ist man fünfzig Jahre alt, liegt sie bei achtundzwanzig Jahren, macht zusammen achtundsiebzig Jahre. Selbst wenn man fünfundsiebzig Jahre alt und damit älter geworden ist, als die statistsiche Lebenserwartung bei der Geburt besagt, hat man noch eine bleibende Lebenserwartung von zehn Jahren, was zusammen fünfundachtzig Jahre macht.
Ich sage Ihnen das, weil ich möchte, daß Sie sich selbst als reich an Zukunft betrachten, als jemand, der genug an »Welt und Zeit« hat. Nichtsdestoweniger sind Ihre und meine Tage gezählt. Wir sollten unsere Zeit weise nutzen.

Auf Erfahrungen beruhende Ratschläge

Ich habe ein paar Jahre meines Lebens damit verbracht, als Psychologiedozent, Psychotherapeut und Rechtsberater zu arbeiten. Das Wissen, das ich mir sowohl durch meine persönlichen Erfahrungen als auch durch meine Interaktionen mit anderen Menschen angeeignet habe, gebe ich in diesem Buch in Form von Ratschlägen und praktischen Vorschlägen an Sie weiter. Diese sind selbstdurchgeführte Verarbeitungsstrategien, und sie funktionieren.
Wenn es etwas gibt, das ich gelernt habe, so ist es das, daß manchmal relativ kleine Veränderungen große Ergebnisse erzielen. Daher ist meine Vorgehensweise sowohl bei der Therapie als auch bei der Selbsthilfe auf die Gegenwart und auf Dinge gerichtet, die man tatsächlich tun kann, um sich selbst zu helfen.
Anstatt in Begriffen Ihrer Persönlichkeit zu denken und zu glauben, daß etwas damit nicht in Ordnung ist, sollten Sie in Begriffen Ihrer bewußten Gedanken und Ihres Verhaltens

denken. Diese sind Ihnen zugänglich, und Sie können sie verändern.
Es nützt Ihnen nichts, zu sich selbst zu sagen: »Ich bin ein Zauderer.« Das macht Zaudern zu einem persönlichen Wesenszug und deutet an, daß es ein Teil Ihres Seins ist. Die beiden Worte *ich bin* schweißen Sie und das Hinausschieben zu einer Identität zusammen. Sie müssen sich von der Identifikation mit dem Hinausschieben lösen. Folglich nützt es Ihnen, sich selbst zu sagen: »Ich zaudere mehr, als ich will, und ich werde etwas dagegen tun.« Jetzt wird das Aufschieben ein Verhalten, kein persönlicher Wesenszug, und ein Verhalten kann man ändern.

Morgen

Morgen. Irgendwie ist es ein freundliches Wort. Man kann alles immer morgen machen. Das kleine Waisenmädchen Annie sang in der Musicalversion ihrer Biografie, daß sie das Morgen liebte, weil es immer einen Tag entfernt war. Und natürlich wird das Morgen besser sein als das Heute.
Aber *morgen* kann auch ein unfreundliches Wort sein. Wenn man sich zu sehr auf das Morgen verläßt, kann man das Heute seines eigenen, besonderen und einzigartigen Charakters berauben. Werfen Sie einmal einen Blick auf das Heute. Heute ist der einzige Tag, an dem Sie tatsächlich etwas tun können. Sie können die Vergangenheit nicht ungeschehen machen. Sie können für etwas sühnen, wegen dem Sie sich schuldig fühlen, aber Sie können es nicht ungeschehen machen. Sie können beispielsweise unglückliche Kindheitserfahrungen nicht ungeschehen machen, aber Sie können die Haltung wählen, die Sie ihnen gegenüber in der Gegenwart einnehmen.
Und man kann tatsächlich nichts in der Zukunft tun. Wir sagen »Ich mach's morgen.« Aber wenn morgen kommt, ist es ein weiteres *Heute*. Und man muß es machen, was immer »es« auch ist, genau hier in der Gegenwart.
Ein Hang zu chronischem Aufschieben bringt die geistige

Angewohnheit mit sich, das Morgen zu sehr als einen besseren Tag als das Heute zu betrachten, um tatsächlich etwas zu tun. Wie der Titel dieses Kapitels anzeigt, kann das Problem des Aufschiebens dieser Art das »Ich werde es morgen tun«-Syndrom genannt werden. Ein Syndrom ist eine Konstellation von Zeichen und Symptomen. Sehen Sie sich die Liste unten an, und haken Sie ab, wie viele der Punkte auf Sie zutreffen. Je mehr Sie abhaken, desto stärker machen Sie sich selbst zum Opfer des Syndroms.

Checkliste für das »Ich werde es morgen erledigen«-Syndrom

1. Ich fange nicht gern ein Projekt an, bevor ich nicht alle Informationen zusammen habe, die ich dafür benötige.
2. Ich möchte verreisen, aber ich bin mir nicht sicher, wohin oder wann.
3. Ich möchte neue Leute treffen und neue Freundschaften schließen, aber ich weiß nicht, wo ich beginnen soll.
4. Eines Tages möchte ich meinen beruflichen Status verbessern, indem ich mich weiterbilde.
5. Ich habe ein wichtiges Projekt, ein richtig großes, das ich erst dann bearbeiten werde, wenn ich eine angemessene Zeitspanne dafür zur Verfügung habe.
6. Ich werde abnehmen (oder zu rauchen aufhören oder zu trinken aufhören oder aufhören, Medikamente zu nehmen), wenn weniger Druck auf mich ausgeübt wird.
7. Wenn es wieder etwas ruhiger zugeht und ich nicht von so vielen Dingen hin und her gerissen bin, werde ich meinem Partner mehr Liebe und Zuneigung zeigen.
8. Irgendwann einmal werde ich meine Kleider (oder meine Bücher oder meine Akten oder die Sachen in der Garage) in Ordnung bringen.
9. Wenn ich eine unangenehme Pflicht oder eine schwierige Aufgabe zu erfüllen habe, möchte ich es am liebsten bis auf die letzte Minute hinaussschieben, was immer es

auch ist.

10. Im allgemeinen gehe ich spät aus dem Haus und nehme mir nicht ausreichend Zeit, um zur Arbeit zu gelangen, zu einer Verabredung, einer Party oder einem anderen Ereignis, das mit einer relativ pünktlichen Ankunft zusammenhängt.

Gelegenheiten bieten sich an

Eine der Vorstellungen der Menschen, die an chronischem Hinausschieben leiden, besteht darin, zu glauben, daß Gelegenheiten sich nur anderen anbieten, aber nicht ihnen selbst. Sie schaffen es nicht, zu erkennen, daß eine Chance übersehen werden kann und aufgrund des Aufschiebens nicht gehandelt wird. Es gibt wenige Dinge, die trauriger sind, als eine Gelegenheit zu verpassen, die sich eröffnet. »Das Schloß« ist ein Roman des österreichischen Autors Franz Kafka, der diesen Punkt wirkungsvoll darlegt. Er ist im folgenden zusammengefaßt. Denken Sie daran, daß Kafkas Schriften fantastisch und traumähnlich waren.

Ein junger Mann reist von seinem Heimatland zu einem besseren Ort (eine andere Welt oder ein anderes Land, das *das Schloß* genannt wird). Zu Beginn seiner Reise stößt er auf eine Tür und einen Türsteher. Die Tür ist offen. Er macht Anstalten, auf die Tür zuzugehen, aber der Türsteher sagt streng: »Warten Sie!«

Der Reisende fragt: »Warten worauf?«

»Warten Sie einfach!«

»Warum?«

»Ich sagte, warten Sie einfach!« Der Türsteher stellt ihm einen Stuhl hin. »Nehmen Sie hier Platz.«

Der junge Mann setzt sich. Minuten verstreichen. Stunden verstreichen. Der Türsteher gibt kein Zeichen, daß der junge Mann näher kommen kann. Schließlich steht der Mann auf und geht auf den Türsteher zu. »Kann ich jetzt durchgehen?«

»Nein.«

»Aber warum nicht?«

»Setzen Sie sich einfach hin.«

Der Jüngling geht zurück zu dem Stuhl. Er wartet stundenlang, dann tagelang. Von Zeit zu Zeit fragt er, ob er durch die Tür gehen darf, aber die Antwort lautet immer nein. Die Tage werden zu Monaten. Die Monate werden zu Jahren. Der Jüngling wird ein Mann mittleren Alters, dann alt und grau. Er fragt nicht länger, ob er durch die Tür gehen darf. Er blickt einfach darauf und wartet auf ein Zeichen des Torhüters.

Als der nun alte Reisende im Begriff ist zu sterben, fragt er den Türsteher: »Wie kommt es, daß in all diesen Jahren niemand außer mir Zutritt haben wollte?«

Der Türsteher antwortet: »Niemand außer Ihnen konnte Zu-

gang durch diese Tür bekommen, weil diese Tür nur für Sie bestimmt war. Ich werde sie jetzt schließen.«
Was fangen Sie mit dieser Geschichte an? Ich werde nicht versuchen, sie für Sie zu interpretieren, denn sie ist, wie ich sagte, von fantastischer und traumähnlicher Qualität. Meiner Ansicht nach hat es jedoch den Anschein, als ob die Geschichte zwingend klarmacht, daß wir Gelegenheiten gegenüber oftmals blind sind. Sie zeigt uns auch, daß wir uns närrischerweise durch einen äußerlichen Faktor (den Türsteher) von unserem Tun abhalten lassen, obwohl dieser

Faktor kein wirkliches Recht oder die Autorität dazu hat, dies zu tun. Der Held der Geschichte nahm einfach an, daß der Türsteher die Macht und das Recht habe, ihn aufzuhalten, und seine Annahme war ein Irrtum.
Der Jüngling hätte dreist genug sein sollen, durch die Tür zu gehen. Er hätte nicht warten sollen. Und er wäre möglicherweise in einer besseren Welt angekommen.
Aber Sie müssen nicht den Fehler begehen, den er gemacht hat.

Ein Wort zum Schluß

Dieses Buch kann Ihnen auf zwei grundlegenden Arten dabei helfen, mit dem chronischen Hinausschieben aufzuhören:

1. Es wird Ihnen dabei helfen, zu verstehen, warum Sie zaudern.
2. Es bietet eine Anzahl selbstgesteuerter, praktischer Vorschläge, die Ihnen wirksame Möglichkeiten anbieten, um mit dem chronischen Hinausschieben aufzuhören.

Ein Sprichwort sagt: »Was du heute kannst besorgen, das verschiebe nicht auf morgen.« Die Anwendung der Vorschläge dieses Buches in Ihrem täglichen Leben wird die »Auf morgen verschieben«-Einstellung in eine befriedigende »Besorge es heute«-Haltung umwandeln.

Merksätze

- Das Aufschieben von etwas ist so alltäglich wie der gewöhnliche Schnupfen. Volle sechzig Prozent der Leute, die ich befragt habe, zählen das Hinausschieben von Dingen zu ihren schlechten Angewohnheiten.
- Funktionelles Aufschieben von etwas ist kein Problem. Es ereignet sich, wenn es einen guten Grund gibt, eine Handlung zu vertagen oder hinauszuschieben.
- Funktionsgestörtes bzw. disfunktionelles Aufschieben

dagegen ist unnütz und endet bei wichtigen Aufgaben, die unverrichtet bleiben, in verpaßten Chancen und in dem Mißerfolg, wichtige Ziele und Träume zu erkennen.

- Chronisches Aufschieben ist ein Hinausschieben, das zu einer gewohnheitsmäßigen Verhaltensweise geworden ist.
- Obwohl Zeit in der Physik ein komplexer Begriff ist, scheinen sogar Kinder ein intuitives Verständnis für ihre Bedeutung zu haben.
- Zeit ist ein Geschenk, das nicht verschwendet werden sollte. Die Vorstellung von »Zeit totzuschlagen« ist traurig.
- Obwohl es psychologisch wohltuend ist, sich selbst als reich an Zukunft zu sehen, muß man sich auch bewußt machen, daß unsere Tage gezählt sind.
- Es nützt nichts, sich selbst zu sagen: »Ich bin ein Zauderer.« Es ist nützlich, sich selbst zu sagen: »Ich zaudere mehr, als ich möchte. Und ich werde etwas dagegen unternehmen.«
- Sich zu sehr auf das Morgen zu verlassen raubt dem Heute seinen eigenen und einzigartigen Charakter. Das Heute ist der einzige Tag, an dem man tatsächlich etwas tun kann.
- Wir sind oftmals blind gegenüber Gelegenheiten. Wir lassen uns durch einen äußerlichen Faktor von etwas abhalten, auch wenn dieser Faktor kein wirkliches Recht oder die Autorität dazu hat.
- Denken Sie an das Sprichwort, das besagt »Was du heute kannst besorgen, das verschiebe nicht auf morgen.«

2 Erschöpfung und Verzögerung: Wie kann man etwas erledigen, wenn man keine Energie hat?

Energie ist ein lebenswichtiger Bestandteil jeglichen Verhaltens. Ohne Energie kann man nichts tun, genausowenig wie eine Glühbirne in einer Taschenlampe mit schwachen Batterien hell scheinen kann.

Der Hauptgrund, warum wir überhaupt etwas tun, liegt in den biologischen Urtrieben Hunger, Durst, Sex, Schlaf, dem Bedürfnis, Schmerz zu entgehen, und so weiter. Diese Triebe sind Antriebsmotoren unseres Verhaltens. In der Tat, beachten Sie das Wort *Trieb*. Es bedeutet, daß etwas Sie dazu veranlaßt zu funktionieren, etwas Sie dazu veranlaßt, sich zu bewegen.

Um eine höhere Energie zu bekommen, muß man seinen Körper auf einem organischen Niveau befriedigen, ansonsten wird man bei fast allem auf eine bessere Zeit warten, um es zu tun, eine Zeit, in der man sich »besser fühlt« oder »mehr Energie hat«.

Energiemangel oder chronische Erschöpfung ist ein alltäglicher Grund, etwas hinauszuschieben. Wenn Sie daher feststellen, daß Sie »die ganze Zeit« zaudern, mangelt es Ihnen möglicherweise an ausreichender Energie für die Arbeit oder Erholung.

Es ist alltäglich, daß man jemanden sagen hört:

»Ich habe keinen Saft mehr.«

»Ich bin so erledigt, ich könnte davonlaufen.«

»Ich bin ausgebrannt.«
»Mir reicht's. Ich kann keinen Finger mehr rühren.«
»Ich fühle mich leer. Vielleicht habe ich Eisenmangel.«
»Ich weiß auch nicht. Neuerdings komme ich gar nicht mehr in die Gänge. Ich bin die ganze Zeit müde.«
»Ich bin am Ende.«
All diese Sätze sagt man, wenn man anstehende Arbeit, ein Freizeitvorhaben oder sogar sexuellen Kontakt umgehen möchte. Man bittet um Aufschub, eine Verzögerung, damit sich die Erschöpfung legen kann.
Die Beziehung zwischen Energie und Hinausschieben von Dingen ist eine Art Huhn-oder-Ei-Problem. Schiebt man etwas auf, weil man wirklich keine Energie hat? Oder benutzt man den Mangel an Energie als eine Rationalisierung des Aufschiebens?
Das Argument der Erschöpfung als eine klägliche Entschuldigung für das Hinauschieben von Dingen wird im vierten Kapitel besprochen. Lassen Sie uns hier jedoch Erschöpfung als wertvoll betrachten und davon ausgehen, daß es Zeiten gibt, in denen es einem wirklich schwerfällt, bestimmte Dinge zu tun, weil man nicht genügend Energie hat.
Die biologische Grundlage für das Aufschieben von Dingen ist nicht das Hauptthema dieses Buches. Im Gegenteil, alle künftigen Kapitel haben einen psychologischen Ansatz. Dennoch ist es ebensowichtig, zu erkennen, daß Energie ein Bedürfnis nach Handlung ist.

Erschöpfung

Das chronische Erschöpfungssyndrom ist ein Zustand, der in den letzten Jahren häufig diagnostiziert wird, und es ist alltäglich, jemanden mit einem niedrigen Niveau an Energie sagen zu hören: »Ich vermute, ich habe das chronische Erschöpfungssyndrom.« Man muß aber wissen, daß dieser Zustand keine definierte Krankheit wie etwa Diabetes oder Tuberkulose ist.

Man muß in der Tat einen Unterschied zwischen 1) dem chronischen Erschöpfungssyndrom, 2) auffallender, langanhaltender Erschöpfung und 3) gewöhnlicher Erschöpfung machen.

Das **chronische Erschöpfungssyndrom** sollte man besser als chronisches Erschöpfungssyndrom aufgrund einer Immunfunktionsstörung bezeichnen. Ein Syndrom ist eine Konstellation von miteinander zusammenhängenden Zeichen und Symptomen. Das amerikanische Zentrum für Krankheitskontrolle (U. S. Center for Disease Control) bestimmt folgende Merkmale als Hauptsymptome, die oft mit dem chronischen Erschöpfungssyndrom in Verbindung gebracht werden: empfindliche Lymphknoten, gestörtes Schlafverhalten, Probleme des Nervensystems, Kehlkopfreizung, Muskel- und Gelenkschmerzen, leichtes Fieber, Erkältungen, allgemeine Schwäche, Kopfschmerzen und natürlich Erschöpfung. Die Ursache oder Ursachen für das Syndrom sind nur unzulänglich definiert. Eine der Haupthypothesen der Vergangenheit, die bis zu einem gewissen Grad immer noch von Nutzen ist, besagt jedoch, daß das Syndrom zum Teil aus den Nachwirkungen der Erkrankung durch den Epstein-Barr-Virus entsteht. Dieses Virus verursacht auch das Pfeiffersche Drüsenfieber (Mononukleose). Es wird landläufig auch als »Studentenkrankheit« bezeichnet, weil der durch Tröpfcheninfektion und Mundkontakt übertragene Erreger gewöhnlich Heranwachsende oder junge Erwachsene befällt.
Auffallende, langanhaltende Erschöpfung muß nicht notwendigerweise mit dem chronischen Erschöpfungssyndrom in Verbindung gebracht werden. Auffallende Erschöpfung kann aus vielerlei Gründen entstehen, darunter eine Einschränkung des Blutflusses aufgrund von Arteriosklerose, Leberproblemen, einer Schilddrüsenunterfunktion, einem Hang zu Hypoglykämie (Unterzucker), einer negativen Reaktion auf ein Medikament und Diabetes.
Wenn Sie den Eindruck haben, am chronischen Erschöpfungssyndrom oder an auffallender, langanhaltender Erschöpfung zu leiden, sollten Sie einen Arzt aufsuchen.
Alltägliche, gewöhnliche Erschöpfung hingegen ist die Art von Erschöpfung, die wir alle von Zeit zu Zeit ver-

spüren. Wir sagen: »Ich schleppe mich dahin«, oder »Ich bin total ausgelaugt« oder »Mir reicht's.« Alltägliche Erschöpfung sollte dennoch nicht unterschätzt und als unwichtig erachtet werden, auch wenn sie kein medizinisches Problem ist. Sie kann nämlich ebenfalls ein wichtiger, verursachender Faktor beim Hinausschieben von Dingen sein.

Das Energieniveau heben

Weiter unten werden Sie vernünftige, praktische Ratschläge finden, um Ihr Energieniveau zu heben. Ein ausreichendes Energieniveau, wird zu einem echten Wunsch beitragen, die Dinge statt morgen »jetzt zu erledigen.«

Vitamine und Mineralien

Sorgen Sie dafür, daß Sie ausreichend Vitamine und Mineralien zu sich nehmen. Theoretisch sollte man keine Vitamin- und Mineralstofftabletten benötigen. Wenn man von Ernährung etwas versteht und die vier grundlegenden Nahrungsgruppen in ausgewogenen Proportionen ißt, braucht man vielleicht keine Ergänzungen. Es ist jedoch offensichtlich, daß viele von uns unterernährt sind, sogar Leute mit Übergewicht. Man kann zuviele Kalorien zu sich nehmen und zu dick sein, aber das heißt nicht, daß man sich tatsächlich gesund ernährt.

Denken Sie über die Art und Weise nach, wie wir heutzutage essen. Es ist normal, im Vorbeigehen zu essen, von Fast-food und Fertigprodukten abhängig zu sein. Vielleicht essen Sie nicht genügend frisches Gemüse. Vielleicht mögen Sie kein Obst. Möglicherweise essen Sie Pommes frites anstelle von gebackenen Kartoffeln. Pommes frites sind mit Fett getränkt und um das Vitamin C vermindert, das gebackene Kartoffeln enthalten. Falsche Ernährung ist ein breitgefächertes Problem. Die erste Verteidigungslinie dagegen besteht darin, das richtige zu essen.

Als eine zweite Verteidigungslinie ist es wahrscheinlich eine gute Idee, täglich zusätzlich eine Multivitamintablette einzunehmen. Damit führen Sie Ihrem Organismus ausreichend Vitamine und Mineralstoffe zu. Werden Sie aber nicht zu einem Fan von Vitamintabletten, das ist nicht nötig. Und man kann tatsächlich von bestimmten Vitaminen zuviel einnehmen, etwa von Vitamin A, E und D, deren übermäßige Einnahme giftig wirken kann.

Wenn wir zur ersten Verteidigunslinie zurückkehren, der Art, wie Sie essen, ist es schwierig, eine Überdosis an Vitaminen einzunehmen, die man auf natürliche Weise ißt. Lassen Sie uns einige der Schlüsselvitamine betrachten, die ein hohes Energieniveau sicherstellen, und auf die entsprechenden Nahrungsmittel hinweisen.

Vitamin C hilft Ihnen dabei, gegen Infektionen anzukämpfen und wirkt sich wohltuend auf Ihr Immunsystem aus. Ein Mangel an diesem Vitamin ist maßgeblich mit Erschöpfung und zu rascher Ermüdung verbunden. Auch Kurzatmigkeit hängt mit Vitamin-C-Mangel zusammen. Die folgenden Nahrungsmittel sind hervorragende Vitamin-C-Spender: Orangen und andere Zitrusfrüchte, Paprika, Tomaten, Beerenfrüchte, alle Kohlarten und frisches Gemüse.

Die **Vitamine des B-Komplexes** helfen Ihrem Körper, wichtige Neurotransmitter zu synthetisieren, chemische Botschafter, die für ein Gefühl des Wohlbefindens wichtig sind. Und ein Gefühl des Wohlbefindens ist wichtig dafür, aktiv zu sein und Dinge erledigen zu wollen. Vitamin-B-Mangel wird nicht nur mit Erschöpfung in Verbindung gebracht, sondern auch mit solch negativen Wirkungen wie Teilnahmslosigkeit, Verwirrung, Lichtempfindlichkeit und Schlafstörungen.

Zur Vitamin-B-Familie gehören elf Vitamine, und es sprengt den Rahmen dieses Buches, Details über jedes einzelne von ihnen bereitzustellen. Bei den Lieferanten der Vitamine konzentriere ich mich auf vier Stoffe und

ihre Quellen. Wenn Sie dafür sorgen, daß Sie Ihrem Körper viel von dem angezeigten Vitamin-B-Komplex zuführen, erhalten Sie höchstwahrscheinlich ausreichend vom ganzen Vitamin-B1-Komplex, der auch Thiamin genannt wird. Vitamin B1 steckt in Weizenkeimen, Bierhefe und Kleie. Vollkornbrot ist ein guter Kleiespender.
Niazin (ein Sammelbegriff für Nikotinsäure und Nikotinamid) ist ein nicht mitgezähltes Mitglied der Familie des B-Komplexes (bei uns heißt es Vitamin B3). Zu hervorragenden Lieferanten von Niazin gehören Erdnüsse, Bierhefe, Weizenkeime, Leber, Rind, Geflügel und Fisch.
Vitamin B6 oder Pyridoxin ist vor allem deshalb wichtig, weil ein Mangel an diesem Vitamin mit zu niedrigem Blutzuckerspiegel oder Hypoglykämie in Verbindung gebracht wird. Vitamin B6 kommt in einer breiten Palette von Nahrungsmitteln vor, darunter in Vollkornbrot, Fleisch und Fisch, Erdnüssen, Walnüssen, Bananen und anderen Früchten, in Avocados und Weizenkeimen.
Folsäure oder Pteroylglutaminsäure ist ein unnumeriertes Mitglied des Vitamin-B-Komplexes. Ein Mangel an diesem Vitamin wird mit schlecht funktionierendem Erinnerungsvermögen in Verbindung gebracht, einem Gefühl der Gereiztheit und trägen Denkprozessen. Der wichtigste natürliche Lieferant von Folsäure ist frisches grünes Gemüse. Wenn Sie viel zum Essen gehen und sich auf grünen Salat verlassen, betrügen Sie sich selbst. Kopfsalat ist kein guter Lieferant von Folsäure. Römischer Salat mit breiten, dunkelgrünen Blättern ist jedoch einer.
Vitamin A fördert die Bildung neuer Zellen in Ihrem Körper. Das ist ein wichtiger Faktor bei der Wahrung Ihres Energieniveaus. Vitamin-A-Mangel geht mit dem unbestimmten Eindruck einher, daß einem alles weh tut, verursacht mit Müdigkeit und Kopfschmerzen. Vitamin A ist ein fettlösliches Vitamin, und man kann durch einen zu hohen Zusatz von Supplementen eine Überdosis an fettlöslichen Vitaminen zu sich nehmen. Anzeichen einer toxischen (giftigen) Überdosis sind etwa ein Gefühl der Verärgerung und Reizbarkeit, schlechte Laune, Appetitlosig-

keit und die Gelbfärbung der Haut. Deshalb ist es am besten, wenn man für eine ausgewogene Vitamin- und Mineralstoffzufuhr sorgt. Hervorragende, natürliche Vitamin-A-Lieferanten sind frisches grünes Gemüse, Karotten, Obst allgemein und sowohl Rinder- als auch Hühnerleber.

Vitamin E ist besonders wichtig, weil es ein Antioxidans ist. Es hilft, den Alterungsprozeß zu verlangsamen, und unterstützt auch die Bildung der roten Blutkörperchen. Rote Blutkörperchen transportieren Sauerstoff zu den Zellen, und dieses Liefersystem ist von großer Bedeutung für den Erhalt eines hohen Energieniveaus. Wie bei Vitamin A kann es bei Vitamin E zu einer Überdosierung kommen, weil es ebenfalls fettlöslich ist. Das Hauptsymptom einer toxischen Überdosierung ist Bluthochdruck. Zu den hervorragenden natürlichen Vitamin-E-Spendern gehören Vollkornbrot, Haferflocken, Reis, Erdnüsse, Kohl, Spinat, Spargel und Brokkoli.

Faserstoffe

Sorgen Sie dafür, daß Ihre Ernährung genügend Faserstoffe beinhaltet. Fasern kommen in zwei Arten vor: löslich und unlöslich. Lösliche Fasern absorbieren Wasser und breiten sich in derselben Art und Weise aus, in der ein trockener Schwamm Wasser aufsaugt. Unlösliche Fasern saugen weder auf, noch weiten sie sich aus. Beide Faserarten sind für den Erhalt der Bewegung von Kotsubstanz im Magen-Darm-System wichtig. In unserer Gesellschaft ist Verstopfung eine alltägliche Beschwerde. Menschen, die an chronischer Verstopfung leiden, klagen, daß sie auch »träge« sind. »Nicht zu können« hängt mit einem Mangel an allgemeiner Vitalität zusammen. Um Ihr allgemeines Energieniveau auf einem gleichbleibenden Stand zu halten, müssen Sie Verstopfung vermeiden. Einer der Gründe, warum Verstopfung so weitverbreitet ist, liegt darin, daß wir dazu neigen, ballaststoffarme Nahrung zu uns zu nehmen, Nahrungsmittel, die zu wenig Faserstoffe enthalten. Sagen wir, Sie essen zum Frühstück Pfannkuchen und Eier mit Speck. Mittags gibt es einen Hamburger, Milchshake und Pommes frites. Angenommen, der Teig der Pfannkuchen und des Hamburgers ist aus weißem Weizenmehl hergestellt, dann haben Sie bisher nahezu keine Fasern über Ihre Nahrung aufgenommen. Keine der angeführten Speisen enthält auch nur irgendwelche Fasern, die erwähnenswert wären.

Man vermutet, daß unsere ballaststoffarme Kost eine der Hauptursachen von Dickdarmkrebs ist. In unterentwickelten Ländern, in denen es üblich ist, viele Faserstoffe und nur kleinere Mengen konservierter Nahrungsmittel zu essen, kommt Dickdarmkrebs seltener vor.

Zu guten Lieferanten von löslichen Faserstoffen gehören Haferschrot (Hafermehl) und alle Sorten von Obst, zu guten Lieferanten von unlöslichen Faserstoffen Vollkornbrote und alle Arten von Gemüse. Lösliche Fasern haben eine sanfte Wirkung und sind in großen Mengen in Ihrer Nahrung vorhanden. Unlösliche Fasern agieren wie eine Kleiderbürste, die die kleinen Teilchen aus den taschenförmigen Ausstülpungen in Ihrem Dickdarm herausbürstet.

Wenn man über die Nahrung nicht genügend Fasern zu sich nimmt, kann man die Ballaststoffe ergänzen. Eine wirksame Art, seinem Organismus mehr lösliche Fasern zuzuführen, besteht darin, jeden Morgen etwa ein Achtel einer Tasse voll Flohsamen (Psyllium) in Wasser einzurühren. Psyllium bekommt man leicht in Apotheken. Wenn Sie das nicht mögen und Ihnen die Einnahme schwerfällt, so finden Sie die Hauptbestandteile in besser schmeckenden Produkten, die Ihnen Ihr Apotheker empfehlen kann.

Eine wirksame Art, mehr unlösliche Fasern aufzunehmen, besteht darin, seiner täglichen Nahrung etwa eine Vierteltasse Kleiegetreide zuzufügen. Kombinieren Sie einfach Kleie mit den übrigen Körnern, wenn Sie Frühstückszerealien mögen. Wenn nicht, essen Sie die Kleie mit ein wenig Milch.

Hauptmahlzeiten

Nehmen Sie leichte Mahlzeiten zu sich. Wenn man nach dem Essen etwas erledigen muß, ist es besser, eine leichte Mahlzeit einzunehmen. Sagen wir, Sie konsumieren ein schweres Mittagessen; zu viele Kalorien jeder Art, Proteine oder Kohlehydrate, rufen ein Gefühl der Trägheit hervor. Der Verdauungsprozeß aktiviert das vegetative Nervensystem und senkt die Erregung des zentralen Nervensystems. Das bedeutet, daß Sie weniger aufmerksam und wachsam sind, solange Blut von Ihrem Gehirn in Ihren Magen-Darm-Trakt umgeleitet wird.

Nahrung ist ein natürliches Beruhigungsmittel, und zuviel davon bewirkt, daß man sich träge und wie betäubt fühlt.

Sein Energieniveau während des ganzen Tages hoch zu halten bedeutet, sicherzustellen, daß das Frühstück und Mittagessen leicht sind. Wenn man nach dem Abendessen etwas Wichtiges zu tun hat, sollte auch das Abendessen leicht sein.

Zwischenmahlzeiten

Nehmen Sie jeden Tag zwei Zwischenmahlzeiten zu sich. Wenn Sie feststellen, daß Ihre Energie zwischen den Hauptmahlzeiten nachläßt, kann ein Snack hilfreich sein.

Wenn Sie um sieben Uhr morgens frühstücken und um zwölf Uhr zu Mittag essen, ist die Zeit gegen neun oder zehn Uhr gut geeignet für Ihre erste Zwischenmahlzeit. Wenn Sie um zwölf Uhr zu Mittag essen und um achtzehn Uhr das Abendessen verzehren, ist die Zeit zwischen drei und vier Uhr nachmittags ein guter Zeitpunkt für Ihre zweite Zwischenmahlzeit.

Ein Verbot für die Zwischenmahlzeit: Nehmen Sie keinen Snack mit viel raffiniertem Zucker zu sich. Beispiele für derartige Zwischenmahlzeiten sind limonadeartige Getränke, Süßigkeiten, Kuchen und Eiscreme. Wenn Sie sich einen abgepackten Snack kaufen, lesen Sie, wie viele Kalorien und Kohlehydrate er enthält. Bei einer Zwischenmahlzeit mit hohem Zuckergehalt nimmt man leicht zwei- bis dreihundert Kalorien zu sich, die keine andauernde Energie bringen.

Obwohl es stimmt, daß ein Snack mit hohem raffiniertem Zuckergehalt ein kurzes Auflodern der Energie bewirkt, da er den Blutzuckerspiegel ansteigen läßt, trügt der Schein. Das Energieniveau wird nicht von Dauer sein, und der Blutzuckerspiegel sinkt wieder. Und in Verbindung mit zu vielen Kalorien trägt dies zu einem Gefühl der Trägheit bei.

Nachfolgend die wichtigsten erlaubten Snacks:

Nehmen Sie eine Zwischenmahlzeit mit viel Protein zu sich. Halten Sie die Kalorien zwischen achtzig und hundertzwanzig. Eine Zwischenmahlzeit mit viel Proteinen wird Ihnen andauernde Energie zuführen. Nahrungsmittel mit viel Protein werden langsam umgewandelt und helfen dabei, den Blutzuckerspiegel auf einem optimalen Niveau zu halten. Die Tatsache, daß die Kalorienzahl niedrig ist, verhindert, daß Sie schläfrig und träge werden.

Die folgende Liste führt Snacks auf, auf die die oben erwähnten Kriterien zutreffen. Sie enthalten wenig Kohlehydrate und viel Protein:

1. eine Vierteltasse Mandeln oder Erdnüsse,
2. ein Eßlöffel Erdnußbutter,
3. eine Scheibe Vollkornbrot,
4. eine halbe Tasse mageren Hüttenkäse,
5. ein hartgekochtes Ei,
6. eine Scheibe mageren Käse,
7. ein Stück gegrilltes Huhn ohne Haut,
8. eine Vierteldose Thunfisch oder Lachs,
9. eine Scheibe gekochten Schinken,
10. ein 200ml-Glas Magermilch oder ein 150ml-Glas fettarme Milch.

Wenn Sie die Aufschriften von Verpackungen studieren, können Sie die Liste leicht erweitern.

Erdnußbutter enthält viel Fett, aber das ist kein Problem, wenn Sie den Konsum nicht übertreiben. Das entscheidende an Erdnußbutter ist, daß das Erdnußöl in seiner natürlichen Form ein einfach ungesättigtes Fett ist und wahr-

scheinlich nicht zu Arteriosklerose beiträgt. Wenn Erdnußbutter jedoch gehärtet ist, hat es den Anschein, als ob der Körper sie wie gesättigtes Fett behandelt (ein Fett, das bei Raumtemperatur fest ist). Gesättigte Fette werden von der Leber in Cholesterin umgewandelt, und das scheint in der Folge zu Arteriosklerose beizutragen. Kaufen Sie daher die Sorte Erdnußbutter, die Sie verrühren müssen, um das Öl zu verteilen.

Kaffee und andere koffeinhaltige Getränke

Trinken Sie Kaffee und koffeinhaltige Getränke in Maßen. Kaffee scheint viele Vorzüge als Stimulans zu haben, und daher benutzen ihn Millionen von uns als einen Weg, unser Energieniveau anzuheben. Die beste Zeit, um Kaffee zu trinken, ist am Morgen. Kaffee hilft uns, aufzuwachen und in Gang zu kommen. Es gibt auch Hinweise darauf, daß Kaffee als geistiges Stimulans wirkt. Daher kann uns eine Tasse Kaffee helfen, uns zu konzentrieren und über ein Problem nachzudenken.

Der aktive Bestandteil von Kaffee ist Koffein, eine Substanz, die sich in Kaffeebohnen befindet. Andere Koffeinlieferanten sind Teeblätter, Kakaobohnen und Kolanüsse. Diese Art des Koffeins befindet sich in beliebten Getränken wie Tee, Kakao und Cola.

Koffein hat aber auch einige, wenige Nachteile. Wenn man große Mengen koffeinhaltiger Getränke auf nüchternen Magen zu sich nimmt, kann das zu Unterzucker (niedrigem Blutzucker) führen, was wiederum mit einem verringerten Energieniveau in Verbindung gebracht wird. Koffein regt die Bauchspeicheldrüse (Pankreas) an, vermehrt Insulin abzusondern. Dieses Insulin senkt den Blutzucker und macht einen sowohl träge als auch hungrig.

Wenn man regelmäßig Koffein zu sich nimmt, neigt man dazu, sich daran zu gewöhnen. Und um die stimulierende Wirkung zu erhalten, ist man gezwungen, immer mehr Kaffee oder Tee zu trinken. Einer meiner Bekannten trank vierzehn Tassen Kaffee am Tag, und er wurde nicht ein bißchen aufgemuntert.

Eine Tasse Tee enthält annähernd vierzig Milligramm Koffein. Starker Kaffee enthält etwa achtzig Milligramm pro Tasse, und eine ganze Reihe von limonadeartigen Getränken enthält Koffein. Ein typisches Cola-Getränk kann zwischen vierzig und achtzig Milligramm Coffein enthalten. Eine Tasse Kakao enthält ebenfalls Koffein, aber nur zwischen zehn und zwanzig Milligramm. Rechnen Sie bei Ka-

kao eher mit einer Abnahme der Aktivität, weil der Hauptbestandteil der meisten Kakaogemische Zucker ist. (Solche Mischgetränke sind aber auch mit künstlichen Süßstoffen erhältlich.)

Wenn Sie beispielsweise regelmäßig fünf bis acht Tassen Kaffee am Tag trinken, können Sie nicht erwarten, daraus eine besondere Energie zu erzielen. Ihr Körper hat sich ziemlich sicher an diese Menge Koffein gewöhnt. Wenn Sie jedoch Kaffee, sagen wir einmal, nur zum Frühstück trinken und ansonsten sparsam und unregelmäßig genießen, können Sie Kaffee von Zeit zu Zeit dazu verwenden, Ihr Energieniveau anzukurbeln.

Drogen

Vermeiden Sie neben Koffein Aufputschmittel wie Amphetamine und Kokain. Amphetamine und Kokain sind zu stark, um irgendeinen praktischen Wert im Leben eines Menschen zu haben, der bestimmte Ziele erreichen will. Diese Drogen liefern schnelle Energieschübe, aber danach folgt der »Zusammenbruch«. Und es ist sehr einfach, in eine psychische Abhängigkeit von diesen Drogen zu geraten.

Alkohol

Vermeiden Sie bei der Arbeit Alkohol zu den Mahlzeiten. Wenn Sie am Nachmittag oder am Abend nach dem Essen vor wichtigen Aufgaben stehen, vermeiden Sie bei beiden Mahlzeiten Alkohol. Wie zuviel Essen senkt Alkohol die Erregung des zentralen Nervensystems. Wenn man trinkt, verliert man an Aufmerksamkeit und die Fähigkeit, sich zu konzentrieren. Trinken Sie daher nicht, wenn Sie Arbeit vor sich haben.
Der Zeitpunkt für Alkoholgenuß ist dann gegeben, wenn Sie sich einfach entspannen oder ungezwungen sein wollen und vor keinen besonderen Verantwortlichkeiten stehen, Autofahren eingeschlossen.

Schlaf

Sorgen Sie für eine ausreichende Menge an Schlaf. Der durchschnittliche Erwachsene benötigt etwa sieben bis acht Stunden Schlaf pro Nacht, um ein Gefühl des Wohlbefindens zu haben. Das Bedürfnis nach Schlaf variiert jedoch. Manche Erwachsene brauchen neun und sogar zehn Stunden Schlaf. Es gibt aber auch viele, die mit fünf oder sechs Stunden gut auskommen. Wenn Sie feststellen, daß Sie frühmorgens aus einem tiefen Schlaf erwachen, sollten Sie das nicht unbedingt als eine Art Schlaflosigkeit bezeichnen. Normale Schlafmuster zeigen erhebliche Schwankungen, und es ist gut möglich, daß Sie lange genug geschlafen haben. Wenn es Dinge gibt, die Sie erledigen möchten, können die Morgenstunden für manche Leute optimal sein. Machen Sie sich aber nichts vor. Wenn Sie den Wecker auf eine frühe Stunde stellen und sich selbst aus dem Bett zwingen müssen, kann es gut sein, daß Sie unter einem Schlafmangel leiden. Man geht davon aus, daß viele Erwachsene an einer Art chronischen leichten Schlafmangels leiden, was sicher Ihr allgemeines Motivationsniveau untergräbt und zu einer Bereitschaft beiträgt, Dinge aufzuschieben.

Nachmittagsschläfrigkeit ist ein Anzeichen von Schlafstörung. Wenn man die Zeit und die Bedingungen dafür einrichten kann, ist ein Nickerchen von zehn oder zwanzig Minuten eine einfache Abhilfe. (Manchmal kann man das sogar auf einem Stuhl oder im parkenden Auto tun.) Mein Vater war viele Jahre in der Produktion tätig. Außer an Sonntagen und in den großen Ferien, stand er jeden Morgen um drei Uhr auf, um zu einem Großhandelsmarkt zu fahren. Aber jeden Nachmittag hielt er auf dem Sitz seines Lieferwagens ein Nickerchen von zwanzig Minuten. Er war in Italien auf dem Land geboren und aufgewachsen und hatte sich diese Angewohnheit in seiner Jugend angeeignet. Er praktizierte sie sein ganzes Leben lang, und sie tat ihm gut.

Im allgemeinen ist es unklug, Barbiturate (Schlafmittel) einzunehmen, damit man schlafen kann. Es gibt Beweise dafür, daß sie den REM-Schlaf hemmen. Eine Einbuße von REM-Schlafphasen scheint eine nachteilige Auswirkung auf die Stimmung während des Tages zu haben und kann zu einem Mangel an Lebensinteresse und zu allgemeinem Unwohlsein beitragen.

Der zirkadische Rhythmus

Lernen Sie Ihre eigenen zirkadischen Muster kennen. Das bedeutet, mit den Tageszeiten vertraut zu sein, in denen man gewöhnlich in Bestform ist, wenn die Aktivität optimal ist und man gut funktioniert. Das Wort zirkadisch bedeutet »etwas, das sich im Kreis bewegt«. Der Wach-Schlaf-Zyklus ist hauptsächlich ein vierundzwanzigstündiger, zirkadischer Rhythmus. Innerhalb dieses allgemeinen Rhythmus' hat man ein individuelles Muster. Manche Leute sind beispielsweise »Morgenmenschen«. Sie können um vier Uhr morgens aufstehen und sind aufmerksam und kreativ. Andere Leute sind »Abendmenschen« oder sogar »Nachtmenschen«. Sie werden lebendig, wenn andere erschöpft sind. Wenn Sie Ihren Rhythmus kennen, können Sie Ihre natürliche Hochform ausnutzen, und als Folge davon können Sie mit weniger Anstrengung mehr leisten. Sie arbeiten mit sich zusammen und nicht gegen sich selbst.

Einige von uns haben zwei natürliche Höhen am Tag mit zwei natürlichen Tiefpunkten. Manche Leute zeigen nur eine geringfügige Schwankung in ihrem Rhythmus und können zu fast jeder Zeit ununterbrochen arbeiten. Auch hier ist es eine gute Idee, seinen eigenen Rhythmus zu beobachten und sich dabei sicher zu fühlen.

Ein Wort zum Schluß

Dieses Kapitel konzentriert sich auf das biologische Verhaltensniveau. Obwohl das Aufschieben gewöhnlich als ein psychologisches Problem angesehen wird, stimmt es sicher, daß das Verhalten des Hinausschiebens durch ein niedriges Energieniveau verstärkt wird. Tatsächlich ist der in diesem Kapitel gewählte Ansatz ein wenig mehr als biologisch. Um genauer zu sein, er ist das, was psychobiologisch genannt wird. Ein psychobiologischer Ansatz unterscheidet nicht wirklich zwischen Geist und Körper. Der Körper wirkt sich auf den Geist aus und der Geist auf den Körper, und tatsächlich sind sie eine Einheit. Was wir Geist nennen, ist eine Reihe von Vorgängen, eingeschlossen das Denken, die Wahrnehmung, die Erinnerung und das Treffen von Entscheidungen. Diese Vorgänge erwachsen aus den Aktivitäten des Gehirns und des Nervensystems. Man kann kaum erwarten, daß der Geist gut funktioniert, wenn es der Körper nicht tut.

Daher ist es im Falle des Hinausschiebens von Dingen unbedingt erforderlich, sein Energieniveau stabil zu halten.
Um die Frage der Zwischenüberschrift zu wiederholen: Wie kann man etwas tun wollen, wenn man keine Energie hat? Nun, die Antwort ist offensichlich: Man kann es nicht, oder vielmehr, wenn man ein niedriges Energieniveau hat, was alltäglich ist, muß man sich zu seinen täglichen Aktivitäten zwingen. Und das bezieht sich nicht nur auf die Arbeit, sondern genauso auf Entspannungsaktivitäten.
Ein Unterschied im Energieniveau kann manchmal der kritische Faktor sein, der die Waage zugunsten wirksamer Gegenmaßnahmen gegenüber dem Aufschieben von etwas ausschlagen läßt.
Vorausgesetzt, daß Sie weder am chronischen Erschöpfungssyndrom leiden noch an der Art einer auffälligen, langanhaltenden Erschöpfung, die beide auf ein ernsthaftes medizinisches Problem hindeuten, ziehen Sie einen Vorteil aus den praktischen Vorschlägen, die in diesem Kapitel gemacht werden: Halten Sie Ihr Energieniveau hoch.

Merksätze

- Energie ist ein vitaler Bestandteil jeglichen Verhaltens.
- Biologische Triebe werden manchmal die Antriebsmotoren unseres Verhaltens genannt.
- Energiemangel ist ein alltäglicher Grund dafür, Dinge hinauszuschieben.
- Zwischen 1) dem chronischen Erschöpfungssyndrom, 2) auffälliger, langanhaltender Erschöpfung und 3) gewöhnlicher Erschöpfung muß differenziert werden.
- Sorgen Sie dafür, daß Sie ausreichend Vitamine und Mineralien zu sich nehmen.
- Sorgen Sie dafür, daß Ihre Nahrung genügend Faserstoffe enthält.
- Nehmen Sie leichte Mahlzeiten zu sich.
- Essen Sie täglich zwei Zwischenmahlzeiten.

- Trinken Sie Kaffee und andere koffeinhaltige Getränke, aber nur in Maßen.
- Vermeiden Sie neben Koffein stimulierende Drogen wie etwa Amphetamine und Kokain.
- Vermeiden Sie Alkohol zu Mahlzeiten vor einer Arbeit, die erledigt werden soll.
- Sorgen Sie für ausreichend Schlaf.
- Lernen Sie Ihre eigenen täglichen zirkadischen Muster kennen.
- Der in diesem Kapitel gewählte Ansatz ist psychobiologisch und macht keinen grundlegenden Unterschied zwischen Geist und Körper.

3 Widerstand: Graben nach psychologischen Wurzeln

In einem Schnellrestaurant habe ich folgendes beobachtet und gehört:
»Nadine, iß deine Pommes frites auf.«
»Nein!«
»Du hast nur drei oder vier gegessen. Sie werden im Abfall landen. Ich sagte, du sollst sie aufessen!«
»Nein!«
»Aber du wolltest sie haben. Ich sagte, du könntest welche von meinen haben, aber du wolltest deine eigenen.«
»Kümmer dich nicht darum.«
»Zum letzten Mal, *iß sie auf*!«
»*Nein.*«
Die Akteure schienen eine Mutter und ihr Kind zu sein. Nadine, das Kind, war etwa vier Jahre alt. Der Dialog stellt Widerstand in der Handlung dar. Klein- und Vorschulkinder bekunden oft einen hohen Grad an Widerstand gegen die direkten Aufforderungen ihrer Eltern. Gewöhnlich wird das mit der Behauptung erklärt, daß sie in diesem besonderen Alter ein sehr großes Bedürfnis nach Autonomie haben und sich selbst zu Individuen erklären. Bedauerlicherweise drückt sich dieses Bedürfnis oft auf negative Art aus.
Wir haben alle ein »Kind-Ich« in uns. Das Kind-Ich ist ein Rest aus unserer tatsächlichen Kindheit. Das Kind-Ich ist nicht schlecht, es ist die Quelle von Freude, Spontaneität und bis zu einem gewissen Grad Kreativität. Das Kind-Ich hat jedoch auch seine negativen Seiten. Wie ein Kind kann es widerspenstig sein und in Wutanfälle ausbrechen. Dieses weitgehend unbekannte und unerklärte Kind-Ich ist für einen Teil des Widerstands von Bedeutung, der mit dem Hinausschieben von Dingen zusammenhängt.
Widerstand ist eine psychologische Kraft, die dazu neigt,

Vorwärtsbewegungen zu verhindern. Sie hält uns davon ab, auf konstruktive Art und Weise zu handeln. Sie führt zur Selbstablehnung oder Selbstzerstörung. Widerstand ist eine Art innerer Reibung, ähnlich der Reibung in einem inneren Motor. Wie wir alle wissen, braucht ein Motor Öl, um den Grad der Reibung zu mindern. Auf ähnliche Weise brauchen wir eine Art psychologisches Öl, um den Grad an Widerstand zu reduzieren, den wir uns selbst entgegensetzen.

Quellen des Widerstandes

Das Kind-Ich bezieht seinen Widerstand aus vielen Quellen. Nachfolgend einige der wichtigsten:

Das Bedürfnis nach Autonomie

Wie bereits gesagt, kann ein Kind sich einem Elternteil aufgrund seines Bedürfnisses nach Autonomie widersetzen. Autonomie wird sowohl vom Kind als auch vom Erwachsenen als ein Verlangen nach Selbstbestimmung verspürt, als ein Wunsch, für das eigene Leben verantwortlich zu sein. Wenn andere uns direkte Befehle geben oder zu herrisch sind, wird unser Bedürfnis nach Autonomie frustriert, so daß wir mit Widerstand reagieren.

Vom psychologischen Standpunkt aus betrachtet, liegt hier das Problem. Ihre Persönlichkeit hat auch ein Eltern-Ich und ein Erwachsenen-Ich. Das Eltern-Ich neigt dazu, autoritär und übertrieben streng zu sein. Es sagt Ihnen, daß Sie etwas Bestimmtes tun »sollten« oder daß Sie sich beeilen »müßten« oder »daß Sie ein Narr sind«, weil Sie nicht versuchen, die an Sie gestellten Anforderungen zu erfüllen. Die natürliche Reaktion des Kindes-Ich ist Widerstand.

Der Ausweg aus dieser Situation ist das Erwachsenen-Ich. Das Erwachsenen-Ich ist rational, logisch und wirklichkeitsorientiert. Es kann einen Kompromiß zwischen dem Kind-Ich und dem Eltern-Ich bewirken. Die Vorschläge, die

weiter unten in diesem Kapitel gemacht werden, um Widerstand zu bewältigen, werden bis zu einem gewissen Grad dabei helfen, die Stimme der Vernunft des Erwachsenen-Ich zu beschwören.

Angst vor Mißerfolg

Unser gesunder Menschenverstand sagt uns, daß die Angst vor Mißerfolg eine Hauptursache des Widerstands ist. Aus

Angst zögern wir oft, eine schwierige Aufgabe in Angriff zu nehmen. Wir stellen uns die Demütigung oder Enttäuschung oder die Beschämung vor, die wir bei einem Mißerfolg erleben würden. Der zweiundzwanzigjährige Fletcher M. hat die meisten seiner Kurse für den Collegeabschluß als Elektroingenieur absolviert. Sein College schreibt als eine Bedingung für den Abschluß vor, daß er einen Kursus für freies Sprechen belegt. Fletcher befürchtet: »Sie werden mich alle auslachen, wenn ich eine komische Figur abgebe. Ich kann keine freie Rede halten. Ich konnte das noch nie.« Folglich hat Fletcher diesen Kursus seit seinem ersten Jahr am College vor sich hergeschoben. Statt daß er den Kursus für freies Reden früh in seiner akademischen Laufbahn hinter sich gebracht hätte, türmt er sich nun drohend als das Haupthindernis vor seinem Abschluß auf.

In diesem Semester saß Fletcher in seinem Astronomieseminar neben einer attraktiven jungen Frau namens Shannon. Sie war nett, und sie waren einige Male zusammen beim Kaffeetrinken. Er möchte sich mit ihr verabreden, schiebt das aber andauernd auf, weil er Angst vor einer Absage hat. Die Vorstellung, daß sie ihn so anziehend findet wie er sie, ist angenehmer als die Möglichkeit einer Zurückweisung. Sein Vermeidungsverhalten ist für ihn jedoch mit einem hohen Preis verbunden. Er kann die Chance verpassen, eine wirklich lohnende Beziehung zu haben.

Angst vor Erfolg

Es mag paradox erscheinen, wenn man sagt, daß die Angst vor Erfolg ein Grund sein kann etwas hinauszuschieben. Es ist allgemeine Ansicht, daß Angst vor Mißerfolg eine Rolle bei Verzögerungstaktiken spielt. Es ist weniger einleuchtend, daß das Gegenteil, die Angst vor Erfolg, ebenfalls eine Rolle spielt. Nichtsdestoweniger stimmt es. Angst vor Erfolg kann eine emotionale Sperre sein.

Megan W. ist eine dreiunddreißigjährige Frau und Mutter, die den ersten Entwurf eines Liebesromans fertiggestellt hat.

Sie hat die Geschichte frei erfunden und mehrfach überarbeitet. Der Roman ist nun so weit fertig, um zu einem Agenten oder Verleger geschickt zu werden. Jetzt kommt sie nicht weiter. Sie hat keine praktischen Schritte in Richtung einer Veröffentlichung unternommen. Jeden Tag denkt sie darüber nach, zu einer Buchhandlung zu gehen und ein Buch zu kaufen, in dem Agenten und Verlage für Romane verzeichnet sind. Aber das ist auch schon alles, was sie tut. Sie denkt, handelt aber nicht.

Warum?
Es ist bis zu einem gewissen Grad offensichtlich, daß sie Angst vor Mißerfolg hat. Ihr Ehemann, ein Trucker, hat ihre Bemühungen offen kritisiert. Es regt sie auf, daran zu denken, daß er zuletzt lachen wird, wenn ihr Manuskript abgelehnt wird.
Megan fürchtet aber auch den Erfolg. In ihrer Phantasie würde ein Erfolg als Romanautorin neue Erwartungen und zusätzliche Verantwortungen bedeuten. Würde sie ein Versager nach einem blendenden Start sein und nicht dazu in der Lage, einen zweiten Roman zu schreiben? Megan war immer eine stille Frau, die das Rampenlicht gescheut hat. Würde sie zu Talkshows gehen müssen? Würde sie einer Lokalzeitung ein Interview geben müssen? Sie weiß, daß sie eine Menge Feindseligkeit gegenüber ihrem dominierenden Ehemann hat. Würde sie in Erwägung ziehen, ihn zu verlassen, wenn sie finanziell unabhängig werden würde? Es ist einfach, zu erkennen, daß Erfolg bedrohlich werden kann.

Trägheit

Wenn wir mit etwas beginnen wollen, verspüren wir am Anfang eine gewisse Trägheit. Alles, was wir tun, erfordert es, erste Schritte einzuleiten. Wir finden es oftmals schwierig, diese Schritte zu unternehmen, was häufig eine der größten Barrieren gegen konstruktives Handeln ist.
Stellen Sie sich ein großes Schwungrad vor. Sie müssen es mit reiner Muskelkraft und durch eine Kurbel dazu bringen, daß es sich dreht. Es ist ein bewegungsloses Gewicht, und es ist schwer, es zum Laufen zu bringen. Je mehr es wiegt, um so größer ist sein Trägheitsmoment, der physikalisch definierte Widerstand. Man kann das Schwungrad am Anfang nur ein bißchen bewegen, dann mehr und dann noch mehr. Bald stellt man fest, daß es sich schnell dreht, und es ist einfach, es mit einer minimalen Anstrengung in Bewegung zu halten.
Wir sind ein wenig wie dieses Schwungrad. Es ist oft

schwierig, uns selbst in Schwung zu bringen, Selbststarter und »Kurbel« unseres eigenen Verhaltensschwungrades zu sein. Wenn wir jedoch die Anstrengung unternehmen und Wege entdecken, uns anzutreiben, werden wir mit einer Aktivität belohnt werden, die mit immer weniger Anstrengung vorhanden ist.

Kindheitserfahrungen

Widrige Kindheitserfahrungen können eine Quelle des Widerstandes sein. Wenn sich in der Kindheit oder Jugendzeit etwas ereignet, das einem das Gefühl gibt, unzulänglich, inkompetent oder ineffektiv zu sein, kann man leicht allgemeine Schlüsse hinsichtlich des Erwachsenenlebens ziehen und fälschlicherweise denken, daß in der Gegenwart die gleiche Situation besteht.
Der vierunddreißigjährige Kirk N. haßt es, Briefe zu schreiben. Kürzlich hat er einen Brief von einem alten Freund erhalten, den er über ein Jahr nicht gesehen hat. Er hat das Gefühl, daß er seinem Freund einen Antwortbrief schuldet, hat aber das Schreiben seit mehr als drei Wochen verschoben. Sein Widerstand gegen das Schreiben von Briefen kann auf seine Kindheit zurückgeführt werden. Kirks Vater war Kreisrichter und pflegte darauf zu bestehen, daß Kirk seinen Verwandten Dankesbriefe schrieb, wenn er Geburtstagsgeschenke bekommen hatte. Kirk erinnert sich an das Schreiben derartiger Dankesbriefe seit dem Alter von sieben Jahren. Er entwickelte nicht einen Widerstand gegen das Schreiben an sich und war mehr als bereit dazu. Sein Vater würde jedoch alle Briefe lesen, wenn er sie geschrieben hatte, sie kritisieren und Verbesserungen in roter Tinte anbringen und darauf bestehen, daß Kirk sie noch einmal schriebe. Kirk haßte es, die Briefchen noch mal zu schreiben, und verlor bald sein Selbstvertrauen. Seine jugendliche Spontaneität und sein Ehrgefühl waren vollkommen untergraben worden. Wenn er heute einen Brief oder ein Memo schreibt, kommen dieselben Gefühle hoch, und er flieht vor ihnen.

Sie könnten sagen, daß Kirk einen Minderwertigkeitskomplex hat, was seine Fähigkeit anbelangt, einen Brief zu schreiben, und Sie hätten recht. Die Vorstellung eines Minderwertigkeitskomplexes ist als Faktor für das Hinausschieben von Dingen von Bedeutung und wird im fünften Kapitel weiter diskutiert werden.

Feindseligkeit

Oft schieben wir Dinge aus Feindseligkeit auf. In vielen Fällen ist diese Feindseligkeit subtil, vor uns selbst halb verborgen. In einer alltäglichen Situation hegt ein Partner Groll gegenüber dem anderen. Philip G. ist ein erfolgreicher Rechtsanwalt und versorgt seine zweite Frau mit »allem«. Renelle fährt ein neues Auto, bewohnt ein mit teuren Möbeln eingerichtetes Haus und ist Mitglied eines Country-Clubs. Renelle ist vierzehn Jahre jünger als Philip und hat den Wunsch zum Ausdruck gebracht, zum College zurückzugehen und einen Abschluß im Hauptfach Ozeanographie zu machen. Philip denkt, daß das die albernste Sache ist, von der er jemals gehört hat, und sagt ihr, daß ihr Fulltimejob der einer Hausfrau sei - eine Rolle, zu der es gehört, die Mutter ihrer Kinder zu sein und Gastgeberin seiner Geschäftspartner. Renelle hat sich nicht selbst behauptet und auch nicht die ernsthafte Forderung gestellt, sie in ihrem Wunsch, zurück zur High-School zu gehen, zu unterstützen. Täte sie es, würde Philip vielleicht klein beigeben.

Philips Hauptbeschwerde besteht darin, daß Renelle kleine Dinge vernachlässigt. Sie läßt Haushaltsrechnungen unbezahlt, und es kommen oft Zahlungsaufforderungen. Obwohl sie keine Haushaltshilfe hat, kommt einmal die Woche jemand von einem Reinigungsunternehmen zum Putzen. Aber das ist nicht genug, und die Spüle ist oft mit schmutzigem Geschirr gefüllt. Renelle bereitet das Abendessen spät oder überhaupt nicht zu. Sie schiebt es hinaus, weil sie feindselig ist. Diese Art des Aufschiebens ist Teil eines passiv-aggressiven Syndroms. Das Verhalten ist in dem Sinne passiv, als sie ihre Bedürfnisse nicht offen erklärt und

auf dem besteht, was sie will. Die Feindseligkeit ist mit der Tatsache verbunden, daß ihr Hinausschieben, eine Art der Verweigerung, Philip kränkt und verletzt.
Wenn wir zaudern, verletzen oder kränken wir oftmals jemand anderen. Das kann ein wichtiger Faktor beim Widerstand gegen konstruktives Handeln sein.

Das Ausmaß der Arbeit

Manchmal widersetzen wir uns einer Aufgabe wegen des reinen Ausmaßes an Arbeit. Sie scheint einfach zu viel oder zu schwierig zu sein. Wir sind von ihrem Ausmaß überwältigt. Sylvia erzählt: »Ich schiebe die Weihnachtseinkäufe jedes Jahr bis zur letzten Minute vor mir her, weil ich für dreiundzwanzig Leute Geschenke kaufen muß. Und ich weiß, daß ich für jeden genau das richtige Geschenk besorgen muß. Es ist einfach zuviel! Ich habe jede Weihnachten das Gefühl, als ob ich auf einen Berg hinaufsteigen muß.« Weil die Arbeit so umfangreich zu sein scheint, schiebt Sylvia sie hinaus und wird die letzten Tage vor Weihnachten »fast verrückt«, wenn die Geschäfte überfüllt sind und sie »nichts finden kann«.
Olympia G. ist Stadtbauingenieurin. Sie soll einen Plan vollenden und einen ausführlichen Bericht über ein Straßenerweiterungsprojekt vorbereiten. Der Bericht muß viele verschiedene Aspekte berücksichtigen, und Olympia hat das Gefühl, daß sie in zu kurzer Zeit zuviel erledigen soll. Sie hat einige Wochen verstreichen lassen, ohne irgend etwas für den Bericht zu tun.

Widerstand bezwingen

Weiter vorn in diesem Kapitel habe ich Widerstand mit der Reibung verglichen, die entsteht, wenn ein Motor in Bewegung ist. Und ich habe auch gesagt, daß wir eine Art psychologisches Öl benötigen, um den Widerstand zu mindern, den wir verspüren, wenn wir zu handeln versuchen. Die folgenden Vorschläge sind dieses »Öl«. Sie berücksichtigen die Natur des Widerstandes und können leicht dazu benutzt werden, den Widerstand gegen die Aktivität zu bezwingen. Natürlich nützt einem Motor Öl in einem Kanister nichts. Der Behälter muß geöffnet und das Öl in das Kurbelgehäuse gefüllt werden. In ähnlicher Weise muß man mit den Vorschlägen umgehen, damit sie etwas nützen.

Warum

Fragen Sie sich selbst, warum Sie Widerstand leisten. Wählen Sie keine oberflächliche Annäherung an das Problem des Verschiebens. Graben Sie nach tiefer gelegenen, psychologischen Ursachen. Seien Sie bestrebt, sich selbst zu verstehen und die Einsicht zu entwickeln, *warum* Sie sich wirksamer Handlung widersetzen. Am besten erreichen Sie das durch *Schreiben.* Wenn man Dinge aufschreibt, hilft das, seine Aufmerksamkeit auf einen Brennpunkt zu richten und ein Problem zu erklären. Stellen Sie sich selbst folgende Fragen:

1. Widersetze ich mich und schiebe ich etwas wegen des Bedürfnisses nach Autonomie auf?
2. Widersetze ich mich konstruktiver Handlung aus Angst vor Mißerfolg?
3. Widersetze ich mich dem Erreichen meiner Ziele aus Angst vor Erfolg?
4. Gestatte ich Kindheitserfahrungen, eine Quelle für Widerstand und das Hinausschieben von Dingen zu sein?
5. Widersetze ich mich und schiebe ich Dinge auf, um Feindseligkeit gegenüber jemand anderem zum Ausdruck zu bringen?

Verfassen Sie kurze Antworten auf die Fragen mit Beispielen aus Ihrem eigenen Leben. Wenn Sie verborgene Gefühle aus der Dunkelheit ihres psychologischen Kellers ans Tageslicht lassen, sind sie oft nur noch schwache Phantasien mit wenig Substanz. Sie sind wie Geister, die davonfliegen, wenn man »buh« sagt.

Es ist wichtig, zu verstehen, warum man etwas hinausschiebt, aber das reicht nicht aus. Um Ihr Verhalten des Hinausschiebens tatsächlich zu ändern, benötigen Sie einige Fertigkeiten und Techniken. Diese sind in den folgenden Vorschlägen vorgestellt, die über das *Warum* hinausgehen und das *Wie* betrachten.

Vorsätze

Fassen Sie keine »guten« Vorsätze. Wie bitte? Fassen Sie keine guten Vorsätze? Jeder »weiß«, daß die Art, Dinge zu erledigen, darin besteht, Vorsätze zu fassen. An Neujahr fassen die Leute gute Vorsätze, und die meisten von diesen Vorsätzen werden in wenigen Tagen gebrochen. Ein Problem von guten Vorsätzen ist ihre Moral. Das Wort *gut* impliziert ein Werturteil, und legt automatisch ein *sollte* oder *müßte* nahe, eine Form inneren Moralisierens. Es erwächst aus Ihrem Eltern-Ich, und Ihr Kind-Ich ärgert sich darüber. Daher aktiviert ein guter Vorsatz gewöhnlich nicht Ihren positiven Willen, sondern Ihren *Gegenwillen.* Der Gegenwille ist eine negative Tendenz, die sagt: »Ich *muß* das nicht tun.« Denken Sie nochmals an Nadine, die »Nein!« sagte, als ihre Mutter sie aufforderte, ihre Pommes frites aufzuessen. Stecken Sie sich nicht selbst mit einem guten Vorsatz in eine Zwangsjacke. Sie werden Sie nur ausziehen wollen. Denken Sie statt dessen in Begriffen von wirksamem Verhalten, und wie Sie sich mit Ihrem realitätsorientierten Erwachsenen-Ich in Verbindung setzen können. Bleiben Sie auf das Hier und Jetzt konzentriert und darauf, was Sie tatsächlich in der Gegenwart *tun* können, um Ihr Aufschieben zu überwinden.
Die folgenden Vorschläge werden Ihnen dabei helfen.

Die Papier-Barriere

Stoßen Sie Ihren Finger durch die Papier-Barriere. Edward M. ist Architekt und besitzt eine eigene kleine Firma. Er ist darauf spezialisiert, individuelle Häuser für wohlhabende

Leute zu entwerfen. Sie wollen kreative Entwürfe, sie wollen aber auch ein zweckmäßiges Heim.
Oft werden ihm Wünsche vorgetragen, die absurd erscheinen. Häufig muß er für »unmögliche« Typen ein Haus mit sonderbaren Räumen und seltsamen Schrägen entwerfen. Er erzählt: »Seit Jahren ist das Hinausschieben von Dingen ein Problem für mich. Ich hatte schwere Zeiten, wenn ich an meinem Reißbrett saß und Skizzen anfertigte, weil ich dachte, daß meine Kunden unlogisch seien. Mit ihren albernen Wünschen haben sie mich verärgert. Gewöhlich dachte ich, daß ihr Geld sie verdorben habe. Heute erkenne ich, daß ich von mehr als Ärger bedroht war. Ich dachte nicht, daß ich damit fertig werden würde. Aus irgendwelchen Gründen stellte ich mir einen gewaltigen Granitblock vor, der mir im Weg stand und den ich zur Seite bewegen mußte, bevor ich mit meiner eigentlichen Arbeit anfangen konnte. Eines Tages, fragen Sie mich nicht, wann, stieg dann ein anderes Bild vor meinem geistigen Auge auf. Ich sah einen Stickrahmen, in den anstelle von Stoff Zellstoffpapier eingespannt war. Und ich dachte mir: Genau das ist es! Mein Aufschieben ist nur eine Barriere aus Papier; es ist kein Granitblock. Und ich stelle mir das Hindernis nur selbst in den Weg. Also habe ich beschlossen, daß ich nur meinen Finger durch die Tempotuch-Barriere stoßen muß und dazu in der Lage sein werde, anzufangen zu arbeiten. Jedesmal, wenn ich mich nun dabei ertappe, etwas hinauszuschieben, stelle ich mir einen Reifen mit Zellstoffpapier vor. Dann sehe ich vor meinem geistigen Auge meinen Finger durch ihn durchstoßen, und danach gehe ich einfach zu meinem Arbeitstisch und fange an. Das hilft wirklich.«
Wenden Sie Edwards Technik als eine Möglichkeit an, anfänglichen Widerstand zu bezwingen. Der Geist kann mächtige Bilder erzeugen, und negative Bilder können ein Hauptthindernis gegen Verhalten werden, und positive Bilder können wirksames Verhalten erleichtern.

Sich auf den Hosenboden setzen

Setzen Sie sich auf den Hosenboden. Twyla R. überträgt vom Band freiberuflich medizinische Texte. Sie hat einige Ärzte als Kunden. Sie bringt Bandaufnahmen mit nach Hause, die der Arzt besprochen hat, und schreibt sie als Fallaufzeichnungen auf. Sie arbeitet am Computer, und die Arbeit ist anspruchsvoll und erfordert genaue Kenntnis medizinischer Fachausdrücke. Die Arbeit ist gut bezahlt und in mancherlei Beziehung eine ideale Berufswahl, weil Twyla ihre Zeit selbst einteilt und auch Hausfrau und Mutter von zwei Kindern sein kann. Unglücklicherweise muß sie viele Male am Tag anfangen und unterbrechen, und sie verspürt oft Widerstand. Es ist viel zu einfach, die Arbeit vor sich herzuschieben, und einmal ist sie deshalb sogar weit zurückgefallen.

Twyla sagt: »An einem Nachmittag habe ich alles mögliche gemacht, nur nicht meine Transkriptionen anzufertigen. Ich habe einen Kuchen gebacken, ich habe noch einmal angefangen, Charlotte Brontës *Jane Eyre* zu lesen. Ich wußte, daß ich meine Arbeit hinausschob, und ich fühlte mich hilflos. Dann erinnerte ich mich daran, in einer Zeitschrift für kreative Autoren in einem Artikel gelesen zu haben, daß Schreiben in erster Linie zu neunzig Prozent aus Schweiß und zu zehn Prozent aus Eingebung besteht. Der Verfasser des Artikels fuhr fort, daß Schreiben in erster Linie darin besteht, sich auf den Hosenboden zu setzen. ›Genau das ist es‹, dachte ich. Meine Texte sind kaum kreatives Schreiben zu nennen. Aber der eigentliche Trick ist derselbe: Sich auf den Hosenboden setzen, und ich machte dies sofort. Ich nahm auf dem Stuhl vor meinem Computer Platz. Was konnte ich nun anderes tun, als ihn anzuschalten? Also habe ich es gemacht. Und was konnte ich dann anderes tun, als zu arbeiten anzufangen? Und so begann ich. Wann immer ich jetzt anfangen möchte, sage ich einfach zu mir selbst: ›Setze dich auf deinen Hosenboden.‹ Und es funktioniert.«

Denken Sie darüber nach, wie viele Tätigkeiten und Aufgaben es erforderlich machen, sich an einen Computer oder einen Schreibtisch zu setzen. Nachfolgend eine kurze Auflistung: Rechnungen zahlen; lernen; einen Bericht schreiben; die Steuererklärung verfassen; das Verschicken von Urlaubskarten; das Verfassen von Dankesbriefen. Wann immer Sie sich selbst dabei ertappen, Verzögerungstaktiken anzuwenden, um solche Aufgaben zu vermeiden, denken Sie: »Setz dich auf deinen Hosenboden und fang an!«

Ein halbherziger Anfang

Machen Sie einen halbherzigen Anfang. Denken Sie daran, daß jeder Anfang besser ist als keiner. Sie müssen keinen guten Anfang machen, einen flotten Start oder gar einen Anfang in die richtige Richtung. Alles, was Sie tun müssen, ist, anzufangen. Die Qualität dessen, was Sie tun, steht nicht an erster Stelle. Abhängig von der Aufgabe oder dem Projekt, können Sie oft zum Anfang zurückkehren und das verbessern, was Sie gemacht haben. Man sagt oft, wenn man vor einer gewaltigen Aufgabe steht: »Ich weiß nicht, wo ich anfangen soll.« Diese Bemerkung wird zur Ausrede für Untätigkeit. Die richtige Art, mit der Aufgabe umzugehen, ist es, zu denken: »Ich werde irgendwo anfangen. Es ist egal, wo ich beginne.«

Wilma D. hatte einen Wandschrank voll von Dingen, die sie ausrangieren wollte: alte Kleidungsstücke, Schuhe, Geschenkpapier, Schnittmuster, Zeitschriften und vieles mehr. Seit drei Jahren dachte sie: »Ich weiß nicht, wo ich anfangen soll.« Eines Tages erzählte sie das ihrer Schwester, und die Schwester fragte: »Warum fängst du nicht einfach irgendwo an?« Die Frage saß. Und Wilma dachte: »Warum nicht? Warum soll ich nicht einfach irgendwo anfangen?« Am nächsten Tag öffnete sie den Wandschrank, und anstatt sich überfordert zu fühlen, beschloß sie, die Schuhe auszusortieren. Diese Wahl war vollkommen willkürlich. Vielleicht war es nicht die beste Entscheidung für einen Anfang, aber es war eine.

Ein halbherziger Anfang ist ein guter Beginn, wann immer

Sie eine Schreibarbeit zu erledigen haben. Fangen Sie einfach zu schreiben an, und sorgen Sie sich nicht zu sehr um die Qualität. Sie können die ersten ein oder zwei Absätze immer noch wegwerfen. Der Gedanke besteht darin, anzufangen, eine Bewegung in Gang zu setzen.
Erinnern Sie sich an die Weisheit des chinesischen Philosophen Lao-tze, der gesagt hat: »Die Reise von tausend Meilen beginnt mit einem einzigen Schritt.« Machen Sie den ersten kleinen Schritt, und Sie werden feststellen, daß die Reise begonnen hat.

Herausforderungen

Sagen Sie sich nicht selbst, daß eine Aufgabe schwierig ist. Sagen Sie sich, daß sie herausfordernd ist. Zwischen den Worten *schwierig* und *herausfordernd* liegen Welten. Wenn Sie eine Aufgabe als schwierig betrachten, sehen Sie sie als riesiges Hindernis und als eine Quelle von Frustration. Wenn Sie eine Aufgabe aber als Herausforderung betrachten, ist sie eine Gelegenheit, Ihre Fähigkeit unter Beweis zu stellen, und eine Quelle möglichen Stolzes und eine Gelegenheit, als Mensch zu wachsen. Bei allen Pflichten, Aufgaben und Projekten gibt es etwas zu lernen. Betrachten Sie keine Aufgabe als schwierig. Setzen Sie an Stelle des Wortes *schwierig* immer das Wort *herausfordernd.*

Merksätze

- Widerstand ist eine psychologische Kraft, die eine Vorwärtbewegung verhindern kann.
- Wichtige Quellen von Widerstand beinhalten 1) das Bedürfnis nach Autonomie, 2) Angst vor Mißerfolg, 3) Angst vor Erfolg, 4) Trägheit, 5) widrige Kindheitserfahrungen, 6) Feindseligkeit und 7) die Ausmaße einer Arbeit.
- Fragen Sie sich selbst, warum Sie Dinge hinausschieben.
- Fassen Sie keine »guten« Vorsätze.
- Stoßen Sie Ihren Finger durch die Papier-Barriere.

- Setzen Sie sich auf den Hosenboden.
- Machen Sie einen halbherzigen Anfang.
- Sagen Sie sich nicht selbst, daß eine Aufgabe schwierig ist. Sagen Sie sich, daß sie herausfordernd ist.

4 Machen Sie sich nicht länger etwas vor: Zeit, der Wirklichkeit ins Gesicht zu sehen

Byron L. hat auf dem Heimweg von der Arbeit sein Auto aufgetankt. Er blickt auf die Reifen, und sie scheinen zuwenig Luft zu haben. Es fällt ihm ein, daß er in letzter Zeit auch den Wasser- und Ölstand nicht überprüft hat. Er denkt: »Ich bin zu müde, um jetzt sofort die Reifen aufzupumpen und unter die Motorhaube zu sehen. Ich werde das gleich morgen früh erledigen, bevor ich zur Arbeit gehe.« Er springt in das Auto und fährt nach Hause.

Die Frage ist: Ist er *wirklich* zu müde? Oder benutzt er nur die *Vorstellung,* müde zu sein, als klägliche Ausrede, um Verantwortung zu vermeiden? Wie im zweiten Kapitel gezeigt, gibt es oft echte Erschöpfung, die ein Grund für das Aufschieben von etwas sein kann. Es ist jedoch auch gut möglich, daß imaginäre Erschöpfung produziert wird, um sich selbst eine unnötige Verspätung oder anderes, unverantwortliches Verhalten zu gestatten. Wenn dies passiert, macht man sich etwas vor.

Wir sind großartig darin, uns selbst etwas vorzumachen. Während diese Neigung für den Moment bequem ist, kann sie uns leider auch von wirksamen Aktivitäten abhalten. Sie kann lang andauernde, negative Folgen in der realen Welt haben.

Daher ist es ein guter Gedanke, wenn Sie aufhören, sich etwas vorzumachen, wann immer Sie können.

Selbstverteidigungsmechanismen

Die Worte *sich selbst etwas vormachen* bieten eine Bezeichnung für einen Vorgang an, der mit den *Selbstverteidigungsmechanismen* verbunden ist. Das Konzept der Selbstverteidigungsmechanismen wurde in der Psychologie zuerst von Freud dargelegt. Seine Tochter Anna arbeitete weiter an der Begriffsbedeutung für die alltäglichen Dinge. Ein Selbstverteidigungsmechanismus ist eine automatische Reaktion, um das Ego gegen die härteren Aspekte des Lebens zu schützen. Das Ego ist das »Ich« der Persönlichkeit, das Bewußtseinszentrum des menschlichen Selbst. Das Ego nimmt sich selbst oft als schwach, zerbrechlich und Schutz benötigend wahr. Folglich errichtet es Barrieren zwischen sich selbst und der Wirklichkeit.

Stellen Sie sich einen mittelalterlichen Ritter in seiner Rüstung vor. Er benötigt Schutz gegen Pfeile, Schwerter, Lanzen und Keulen. Dabei gibt es aber ein Problem. Wenn er zu viele Waffen trägt, werden seine Bewegungen schwerfällig. Er ist unbeholfen und kann nicht wirksam kämpfen. Wenn er andererseits überhaupt keine Waffen trägt, ist er verwundbar. Ein einziger Pfeil könnte ihn töten. Worin besteht die Lösung? Viele Ritter zogen leicht bewaffnet in die Schlacht. Das gab ihnen ein wenig Schutz, und gleichzeitig waren sie erfolgreiche Krieger.

Jeder der Selbstverteidigungsmechanismen ist eine Art Waffe. Wenn Sie sie alle die meiste Zeit benutzen, werden Sie so eingeschränkt und ineffektiv wie ein schwerbewaffneter mittelalterlicher Ritter sein. Ihr Ich wird geschützt sein, und Sie werden psychologisch sicher sein. Nichts kann Sie berühren, niemand kann Sie erreichen. Aber Sie werden nicht viel bewirken.

Das Ziel dieses Kapitels besteht nicht darin, Sie dazu zu bringen, Ihre Selbstverteidigungsmechanismen aufzugeben. Das wäre so absurd, wie einem Ritter zu sagen, er solle nackt in die Schlacht ziehen. Sie brauchen Schutz, denn die menschliche Persönlichkeit ist derart beschaffen, daß ihre Verteidigungsmechanismen wesentlich für ihr Funktionieren sind.

Sie wollen aber Ihre Verteidigungsmechanismen nicht mißbrauchen. Sie wollen nicht von ihnen abhängig sein, wenn Sie sie nicht wirklich benötigen. Sie wollen dazu in der Lage sein, sie beiseite zu legen, wann immer sie Ihre Vorwärtsbewegung im Leben behindern. Die Verteidigungsmechanismen zu mißbrauchen kann in verlängerten Verzögerungen zwischen einer Gelegenheit und dem wirksamen Verhalten resultieren.

Verteidigungsmechanismen vermeiden

In diesem Kapitel werden die Hauptverteidigungsmechanismen bestimmt und erklärt, wie sie funktionieren. Sie werden lernen, wie sie Sie oft entweder nirgendwohin oder im Kreis laufen lassen. In jedem der Fälle beginnt der praktische Vorschlag mit dem Wort *vermeiden.* Eine zentrale Annahme dieses Kapitels besteht darin, daß es möglich ist, zu lernen, wie man übertriebenes Vertrauen auf die Selbstverteidigungsmechanismen vermeidet. Sie werden gewöhnlich als automatisch und unfreiwillig dargestellt, als aus dem Unbewußten emporsteigend. Wenn Sie einzig und allein diesen Standpunkt einnehmen, werden Sie das hilflose Opfer Ihrer eigenen Verteidigungsmechanismen sein. Es ist jedoch auch richtig, daß Sie ein »kreatives Ich« haben, die Idee von Alfred Adler, einem der frühen Begründer der Psychoanalyse. Das kreative Ich ist das Ich in Ihnen, das über Umstände erhaben sein kann, das in die Zukunft blicken kann, das mit den Selbstverteidigungsmechanismen ringen und sie an ihren richtigen Platz verweisen kann. Wenden Sie Ihr kreatives Ich an, um mit Ihrem Hang zur Selbstverteidigung fertig zu werden.

Wirklichkeitsverleugnung

Vermeiden Sie die Verleugnung der Wirklichkeit. Von *Wirklichkeitsverleugnung* spricht man dann, wenn jemand eine Information erhält und deren Bedeutung zurückweist. Es ist ein einfacher Mechanismus und ein Lieblingsverhalten von Vorschulkindern. Der vierjährigen Nicole wurde gesagt, daß man diesen Sonntag ein Familienpicknick veranstalten würde. Am Sonntag regnet es. Traurig bringt ihr ihre Mutter die schlechte Nachricht bei. »Es regnet, Herzchen, und wir werden nicht zum Picknick gehen können.«

Nicole wirkt einen Augenblick niedergeschlagen. Dann sieht sie aus dem Fenster. Ihr Gesicht hellt sich auf. »Es wird gleich aufhören.« Es gibt keine rationale Grundlage für Nicoles Behauptung. Die Sonne schaut nicht verstohlen hinter den Wolken hervor. Der Regen läßt nicht nach. Die Behauptung erwächst ausschließlich aus ihrem *Wunsch*, dem Wunsch, daß der Regen aufhören möge, damit die Familie zum Picknick gehen kann.

Garfield R. fährt auf der Autobahn nach Hause in den Vorort. Er blickt auf seine Benzinuhr, und sie zeigt »leer« an. Er denkt an die Tankstelle in der Nähe von seinem Zuhause, wo er anhalten möchte. Er will die Autobahn nicht verlassen. Er überlegt: »Ich werde warten. Ich habe wahrscheinlich noch Reserve im Tank. Sie bauen einen Spielraum in diese Dinger ein.« So fährt er fröhlich mit gleichbleibender Geschwindigkeit weiter. Wenig später ist er nicht mehr so gut aufgelegt, als er einige Meilen zwischen zwei Autobahnabfahrten ohne Benzin liegengeblieben ist. Er hatte Wirklichkeitsverleugnung betrieben. Er erlaubte seinem Wunschdenken, sich über sein realistisches Denken hinwegzusetzen, und er mußte den Preis dafür bezahlen.

Stephanie H. hat einen Magisterabschluß und unterrichtet an einem örtlichen kleinen College in Teilzeit englische Literatur. Sie unterrichtet zwei Klassen und ist auch Hausfrau und Mutter. Sie liebt ihre Arbeit und hofft, eines Tages einen Vertrag und eine ganze Stelle zu bekommen. Der Fakultätsvorsitzende ruft sie zu sich und sagt ihr, daß sie mit ihren Beurteilungen immer erst nach dem von der Schule gesetzten Datum fertig wird, und das ist zwei Semester hintereinander vorgekommen. Manchmal ist sie bis zu zwei, drei Wochen zu spät dran. Stephanie wird gesagt, daß sie ohne Chance auf Wiedereinstellung entlassen wird, wenn sie die Noten für ihre Schüler in diesem Semester nicht pünktlich abliefert.

Stephanie sagt dem Fakultätsvorsitzenden, daß sie die Noten sofort machen wird. Als das Semester jedoch einige Wochen später endet, hat sie wichtigere Dinge zu erledigen, als Abschlußarbeiten zu bewerten und Semesterpunkte zu vergeben. Wieder verspätet sie sich. Die Warnung des Fakultätsvorsitzenden läßt ihr keine Ruhe, dennoch denkt Stephanie: »Er hat es nicht so gemeint.« Und genau das ist es! In diesem einfachen Satz aus sechs Wörtern steckt eine vollkommene Wirklichkeitsverleugnung. Als Stephanie im Wintersemester kein Jobangebot bekommt, ist sie sehr ungehalten und erzählt ihrem Mann, daß sie unfair behandelt worden ist.

Weisen Sie Informationen nicht zurück, wenn andere Leu-

te oder Umstände sie Ihnen auf einem Tablett servieren, nur weil sie unangenehm sind. Sie müssen Sie einnehmen. Sie müssen sie aufnehmen und akzeptieren. Selbstverständlich kann es oft sehr schwierig sein, das zu tun.
Die folgende Geschichte zeigt, wie der Verstand Fakten zurecht biegen kann, um eine Verleugnung der Wirklichkeit aufrechtzuerhalten. Ein Mann macht einen Termin mit einem klinischen Psychologen aus. Als er das Büro betritt, lädt ihn der Psychologe ein, Platz zu nehmen, und fragt: »Worin besteht Ihr Problem?«
Der Mann antwortet: »Ich bin tot.«
»Sie sind tot?«
»Ja.«
»Bluten tote Männer?«
»Natürlich nicht.«
»Reichen Sie mir Ihren Finger.«
Der Psychologe sticht ihn mit einer Stecknadel und drückt einen Tropfen Blut heraus.
»Was sagen Sie nun?«
Der Mann starrt einen Moment auf seinen Finger. Dann blickt er den Psychologen an und sagt: »Wissen Sie, Sie haben recht. Tote Männer bluten.«
Seien Sie nicht wie dieser Mann. Erlauben Sie den Tatsachen, Ihre Lebenseinstellung zu ändern, und ändern Sie danach Ihr Verhalten. Sie können in der wirklichen Welt nicht effektiv sein, wenn Sie ihre ureigenste Realität verleugnen.

Rationalisierung

Vermeiden Sie Rationalisierungen. Rationalisierung findet statt, wenn man sich einen scheinbar plausiblen Grund für eine ineffektive, unverantwortliche oder unzweckmäßige Handlung sucht. Der Grund ist scheinbar »vernünftig« und hört sich gut an. Er scheint logisch zu sein. Aber in Wirklichkeit ist er eine Täuschung. Der Verstand stellt sich etwas Falsches vor, um das Ego zu beruhigen.
Das Beispiel von Byron L. im ersten Abschnitt dieses Kapitels ist ein Fall von Rationalisierung. Sagen wir, daß er nicht

wirklich zu müde war, um seine Reifen aufzupumpen, sondern er benutzte seine Erschöpfung als einen scheinbar logischen Grund, verantwortliches Verhalten zu vermeiden. Alice G. ist Sekretätin in der naturwissenschaftlichen Fakultät eines kleinen Colleges und hat zwei Studenten als Teilzeitkräfte zur Unterstützung. Sie hinkt oft mit ihrer Arbeit hinterher und verpaßt wichtige Abgabetermine. Dozenten beklagen sich darüber, daß Tests nicht rechtzeitig nach dem Arbeitsplan fertig sind. Aus der Sicht der anderen ist ihr Verhalten inakzeptabel. Von Alice' eigenem Standpunkt aus betrachtet ist es vernünftig: »Sie geben mir zuviel zu tun. Was denken sie, daß ich bin? Ein Maultier? Niemand könnte mit dieser Arbeitslast Schritt halten.« In Wirklichkeit hat sie mit ihren beiden Hilfskräften und der Art ihrer Arbeit nicht zuviel auferlegt bekommen. Sie zaudert. Es gibt Dinge, die sie lieber tun würde als ihre Arbeit. Mehrere Male am Tag ist sie für die Dauer von zehn bis zwanzig Minuten allein im Büro. Obwohl sie das Recht dazu hat und auch regelmäßige Pausen macht, betrachtet sie auch diese Perioden des Alleinseins als Gelegenheiten für eine Pause. Sie ruft einen Freund an, liest eine Zeitschrift, ißt ein Häppchen und trinkt eine Tasse Kaffee und verplempert ihre Zeit. Ihr wurde mit Entlassung gedroht. Solange sie nicht den Tatsachen ins Auge blickt und aufhört zu rationalisieren, läuft sie Gefahr, ihre Arbeit zu verlieren. Rationalisierung ist eine Art, sich selbst ein klein bißchen zu schnell für ein persönliches Defizit zu entschuldigen. Versuchen Sie, sich bei einer Rationalisierung zu erwischen. Das wird Ihnen helfen, diese zu vermeiden.

Rückentwicklung

Vermeiden Sie eine Rückentwicklung. Viele Kinder beherrschen die Kunst des Aufschiebens sehr gut. Es ist oftmals sehr schwierig, sie dazu zu bringen, sich verantwortlich zu verhalten. Sie müssen oft ermahnt werden, ein Zimmer aufzuräumen, ein paar Pflichten im Haus zu übernehmen, ihre Hausaufgaben zu machen, sich für einen Besuch anzuziehen und so weiter. Warum? Wenn man sie nach einem Grund fragt, finden sie die Frage unlogisch. Sie sind nicht selbstanalytisch. Alles, was sie wissen, ist, daß sie es nicht jetzt sofort machen wollen. Sie werden es später machen, wenn sie sich danach »fühlen«. Wenn Sie Elternteil eines Kindes sind, das Dinge zu sehr hinausschiebt, sollten Sie sich eine Ausgabe des Buches von Stephen Cosgrove mit dem Titel *Morgan und ich* besorgen. Es erzählt die Geschichte von einer namenlosen kleinen Prinzessin aus dem Land Später. Ein Einhorn namens Morgan befreit sie aus einer Falle, und sie lernt eine wichtige Lektion darüber, wie lebensnotwendig es ist, nicht zu zaudern.

Bei Erwachsenen ist ein *Rückschritt* eine Regression, ein Verteidigungsmechanismus des Ich, der passender für ein Kind als für einen Erwachsenen ist. Zwanglos sagen wir, daß ein anderer Mensch »kindisch« ist.

In jedem von uns stecken ein kleiner Prinz oder eine kleine Prinzessin, die denken, daß sie ein bißchen darüber erhaben sind, jetzt das Geschirr zu spülen oder den Rasen zu mähen oder das Abendessen vorzubereiten oder sich für eine Geschäftsverabredung umzuziehen und so weiter. Wir wohnen alle gerne im Land Später. Wenn man im Land Später leben will, erlaubt man seinem Kind-Ich, die Oberhand zu gewinnen. Man entwickelt sich zurück.

Beobachten Sie Ihr eigenes Verhalten. Fragen Sie sich selbst: »Bewege ich mich zurück? Und lebe ich im Land Später?« Wenn die Antwort auf eine dieser Fragen ja lautet, sollten Sie jetzt umdenken und die Chance nutzen, Ihre Energien in eine nützlichere Richtung umzudirigieren.

Projektion

Vermeiden Sie Projektionen. Projektion findet statt, wenn wir entweder einen äußerlichen Faktor oder einen anderen Menschen als die Hauptquelle für unseren Mißerfolg wahrnehmen, unseren eigenen Erwartungen gerecht zu werden. *Es* oder *er* oder *sie* bringt uns dazu, langsam zu werden oder etwas zu vermeiden oder Dinge nicht zu erledigen. Die Vorstellung von Projektion kann leicht mit dem Rorschach-Test verbunden werden, einem Test, der dazu benutzt wird, eine Person einzuschätzen. Der Versuchsperson werden Farbflecke gezeigt. Es sind vieldeutige Reize (Stimuli), an und für sich lediglich formlose Kleckse, überhaupt nichts. Die Personen »sehen« alle möglichen Dinge in den Farbflecken, angefangen von wilden Tieren bis hin zu Marionetten, wenn sie aufgefordert werden, phantasievoll zu sein. Was eine Versuchsperson sieht, ist natürlich nicht real, sondern eine individuelle Wahrnehmung. Die Wahrnehmung wird vom Unbewußten gebildet und wie ein Diaprojektor auf den Farbfleck »projiziert«. Die Wahrnehmungen oder Projektionen der Versuchsperson bringen unbewußte Motive und emotionale Konflikte zum Vorschein.

Ein ähnlicher Vorgang findet auch im täglichen Leben statt. Situationen werden oft falsch definiert. Andere sind variabel oder trügerisch und stellen sich selbst in einer vieldeutigen Weise dar. Sowohl in den Situationen, in denen wir uns befinden, als auch in den Personen, mit denen wir es zu tun haben, werden wir ziemlich sicher etwas »sehen«, aber häufig ist dieses »gesehene« Etwas irreal und nur unsere eigene Projektion.

Als Folge unserer Neigung zu projizieren, spielen wir oft das »Spiel der Schuldzuweisung«. Dieses »Spiel der Schuldzuweisung« überträgt den Ort der Kontrolle für unser Verhalten vom Ich auf die äußere Welt.

Hayley R. hat zwanzig Pfund Übergewicht. Sie sagt zu ihrer Schwester: »Ich möchte eine Diät beginnen, aber ich kann nicht. Harry erwartet wenigstens fünfmal die Woche selbstgekochte Mahlzeiten, und er liebt meine Apfelpasteten. Wenn ich so etwas für ihn mache, gibt es einfach keinen Weg, daß ich abnehmen kann.« Ihre Erklärungen zeigen an, daß sie die Projektion als eine Taktik anwendet, um ihrer Rolle als traditionelle Hausfrau und ihrem Mann Harry die Schuld an ihrem Gewichtsproblem geben zu können. Ein nüchterner Blick auf ihre Lage legt nahe, daß selbstgekochte Mahlzeiten sowohl fett- als auch kalorienarm sein können und daß auch Harry etwas abnehmen sollte. Wenn sie die Projektion aufgeben würde, könnte Hayley sehen, daß ihre Situation die *beste Gelegenheit* ist, sich richtig zu ernähren und abzunehmen. Interessanterweise geben Leute, die tagsüber außer Haus arbeiten, die Schuld an überflüssigen Pfunden oft der Tatsache, daß sie im Vorbeigehen essen, Schnellgerichte kaufen müssen und die Mahlzeiten nicht planen können.

David H. ist Maschinenbauingenieur und als nächster mit einer bedeutenden Beförderung an der Reihe. Sein Arbeitgeber verlangt aber zuerst, daß David einen Kursus über Aspekte der Infinitesimalrechnung an einem kleinen College in der Nähe absolviert. David sagt: »Ich kann die Beförderung nicht bekommen, weil ich den Kurs nicht machen kann. Er finden nur abends statt, und der Donnerstagabend von sieben bis zehn Uhr ist eine schlechte Zeit für mich. Wenn ich so einen Kursus mache, bin ich am nächsten Tag erschlagen. Und außerdem sollte der Boß mich nicht dazu auffordern, den Kursus zu machen. Ich weiß genug über Infinitesimalrechnung (Differential- und Integralrechnung) für diesen Job.« Solange David so denkt, wird er nicht befördert werden. Er lehnt es ab, nach den Regeln seines Arbeitsgebers zu spielen. Er projiziert die Schuld an seinem Mißerfolg auf die Zeit, in der der Kursus abgehalten wird, und auf die »unlogische« Forderung seines Arbeitgebers.

Wenn Sie eine gewisse Überschneidung von Rationalismus und Projektion oder zwischen den Verteidigungsmechanismen bemerken, ist das natürlich. Schließlich gehören sie alle der selben Klasse an. Obwohl jede Verhaltensweise gut definiert ist, verschwimmen die Grenzen zwischen ihnen.

Untersuchen Sie eine Verzögerung im Verhalten bezüglich des Begriffes der Projektion. Fragen Sie sich selbst: »Gebe ich etwas oder jemand anderem die Schuld für meine Vermeidungsstrategien? Verlagere ich den Ort der Kontrolle nach außen?«

Verlagerung von Aggressionen

Vermeiden Sie die Verlagerung von Aggressionen. Sagen wir, Sie fühlen sich zu einer Gehaltserhöhung berechtigt. Ihrer Ansicht nach ist sie überfällig, und Ihr Arbeitgeber hat keine Anstalten gemacht, Ihr Gehalt zu erhöhen. Sie sind entschlossen, die Angelegenheit mit Ihrem Arbeitgeber zu diskutieren und um eine Gehaltserhöhung zu bitten. Aber Sie verschieben dieses Gespräch ständig und sträuben sich gegen die Begegnung. Sie stellen sich vor, daß es unangenehm werden kann, und fürchten nachteilige Folgen. Daher fühlen Sie sich feindselig. Frustration erzeugt Aggression, und Sie wollen Ihre Feindseligkeit an jemandem auslassen, an irgend jemanden.

Sie fangen einen Streit mit Ihrem Partner an. Vielleicht haben Sie etwas daran auszusetzen, wie der andere die Dinge im Haus erledigt. Oder möglicherweise kritisieren Sie eines Ihrer Kinder wegen einer geringfügigen Übertretung. In beiden der Fälle verlagern Sie Ihre Aggressionen auf ein Ziel, das weniger riskant ist als Ihr Arbeitgeber. *Die Verlagerung von Aggressionen* zeigt sich, wenn aggressives Verhalten von seiner ursprünglichen Quelle zu einer Ersatzquelle verlagert wird. Dies wird auch das *Suchen nach einem Sündenbock* genannt. Es ist den Sündenböcken gegenüber unfair, denn sie sind unschuldige Opfer. Und es läßt Sie die Dinge weiter hinausschieben, indem Sie die aggressive Energie ableiten, die konstruktiv auf die Quelle der Frustration gerichtet sein sollte.

Fragen Sie sich selbst, ob Sie Aggression verlagern, wenn Sie feststellen, daß Sie zu gereizt gegenüber Ihrem Partner oder Ihren Kindern reagieren. Vielleicht richten Sie Ihre feindseligen Pfeile auf die falsche Zielscheibe. Strengen Sie sich an, in die richtige Richtung zu zielen.

Bildung von Reaktionsmustern

Vermeiden Sie die Bildung von Reaktionsmustern, denn dies ist ein Verteidigungsmechanismus, bei dem ein ins Unter-

bewußtsein unterdrückter Wunsch oder Gefühl sich im Bewußtsein in das Gegenteil verwandelt. Das blockierte, psychologische Element macht eine Art Salto und stellt sich selbst auf den Kopf. Veronica T. ist seit einigen Jahren verheiratet und hat ein Problem mit ihrer Schwiegermutter Wanda. Wanda schneit mehrere Male pro Woche unangekündigt ins Haus und sagt ihr, wie sie kochen soll, sagt ihr, daß ihr Sohn das, was sie ihm zum Abendessen bereitet, nicht wirklich mag, gibt Veronica Ratschläge, wie sie ihren Sohn erziehen soll und so weiter. Wenn ihre Schwiegermutter auftaucht, könnte Veronika jedesmal schreien. Sie hat über dieses Problem mit ihrem Mann James gesprochen. Er sagt: »Rede mit ihr über diese Dinge. Sag ihr, wie du dich fühlst. Mach sie nicht fertig, sondern handel etwas mit ihr aus. Sag ihr, daß du mehr Raum brauchst.«
»Das klingt einfach«, erwidert Veronica.
»Was kannst du denn sonst machen? Du kannst das doch nicht weiterhin ertragen. Soll ich mit ihr reden? Ich mach das.«
»Nein, es ist mein Problem. Laß mich damit zurechtkommen.«
Aber Veronica fährt fort, jegliche realistische Lösung hinauszuschieben. Ihr Verhalten ist in Wirklichkeit genau das Gegenteil von dem, was es sein sollte. Sie ist überfreundlich zu ihrer Schwiegermutter. Wenn Wanda auftaucht, wird sie mit einem warmen Gruß eingeladen, bekommt Kaffee angeboten und das Gefühl vermittelt, zu Hause zu sein. Wenn Wanda einen Vorschlag macht, nimmt Veronica ihn mit einem Lächeln auf, wobei sie oft etwas wie »was für eine gute Idee!« sagt. Veronicas bewußte Liebenswürdigkeit ist eine Art, ihre verborgene Feindseligkeit zurückzuhalten. Sie ist die Bildung eines Reaktionsmusters.
Die Bildung eines Reaktionsmusters ist die falsche Strategie, die man in diesem Fall anwenden sollte, weil sie das Problem perpetuiert. Wanda wird für ihr unangebrachtes Verhalten belohnt. Veronica zaudert auf eine schlimme Weise. Statt sich mit dem Problem auseinanderzusetzen, verschiebt sie es in eine vage Zukunft. Und das Problem wird schlimmer.

Fragen Sie sich selbst, ob Ihr gefälliges Benehmen eine über Feindseligkeit gestülpte Maske ist, wenn Sie beobachten, daß Sie selbst zu irgend jemand zu freundlich sind. Untersuchen Sie Ihre wahren Gefühle. Fragen Sie sich selbst, ob Sie die Bildung eines Reaktionsmusters als eine ineffektive Verzögerungstaktik einsetzen.

Narzismus

Vermeiden Sie narzistisches Verhalten. Narzismus ist ein Verteidigungsmechanismus, der durch übertriebene Beschäftigung mit dem Ich charakterisiert ist. Einem Menschen mit starken narzistischen Neigungen fällt es sehr schwer, wirkliche Liebe für andere zu empfinden. Jeffrey G. ist verheiratet und hat einen achtjährigen Sohn namens Mitchell. Jeffrey ist ein sehr gutaussehender, großer Mann mit breiten Schultern und schlanker Taille. Er verhält sich, als sei er ein Geschenk Gottes an die Frauen. Er hat einige Übungsgeräte in seinem Haus und verbringt unmäßig viel Zeit damit zu trainieren. Er würde gerne eine bessere Beziehung zu seinem Sohn haben, aber er weiß nicht, wie man eine Beziehung herstellt. Er kann Mitchell nicht umarmen oder mit ihm lachen. Er weiß, daß der einzige Weg, seine Beziehung zu verbessern, darin besteht, mehr Zeit mit ihm zu verbringen und Mitchell als Mensch kennenzulernen. Aber Jeffreys Beschäftigung mit sich selbst ist übertrieben. Kürzlich unterbrach Mitchell seinen Vater, als er mitten in einer seiner Routineübungen war. Mitchell wollte wissen, ob sein Vater ein Spiel mit ihm spielen könnte. Jeffrey knurrte Mitchell an: »Jetzt nicht, Junge. Kannst du nicht sehen, daß das ein schlechter Augenblick ist? Vielleicht später.« Aber später kam nie. Eine der psychologischen Funktionen des Narzismus in Jeffreys Leben besteht darin, ihm Zeit zu verschaffen, in der er von anderen nicht belästigt wird, Zeit, die konstruktiv genutzt werden könnte, um emotionale Nähe herzustellen. Aber das ist etwas, was er vermeiden möchte.

Es gibt weniger stark ausgeprägten Narzismus im täglichen Leben. Sagen wir, Sie stehen in dem Ruf, eine lahme Krücke zu sein. Wenn die ganze Familie fertig ist, zu einem besonderen Anlaß das Haus zu verlassen, kämmen Sie Ihr Haar immer noch, ziehen sich zum dritten Mal um oder tun etwas Ähnliches, um das Verlassen des Hauses hinauszuschieben. Sie benutzen eine narzistische Neigung – eine übermäßige Beschäftigung mit Ihrem Erscheinungsbild – als eine Art des Zeitschindens. Vielleicht empfinden Sie gemischte Gefühle gegenüber der Gruppe von Leuten, die Sie sehen werden. Möglicherweise stellen Sie sich vor, daß Sie Ihre Erscheinung kritisch begutachten werden. Sie sträuben sich bis zu einem gewissen Grad dagegen, überhaupt hin-

zugehen, und Sie konzentrieren sich übermäßig auf Ihr Selbstbild – eine Verzögerungstaktik.
Betrachten Sie Ihr eigenes Verhalten, und fragen Sie sich, ob Sie von Ihrem Ich allzu absorbiert sind. Verursacht eine derartige Selbstversunkenheit, daß Sie wichtige Dinge hinausschieben? Ja, passen Sie auf sich selbst auf. Aber vermeiden Sie es, sich bis zur Überbeschäftigung um sich selbst zu kümmern.

Identifikation

Vermeiden Sie es, sich mit dem falschen Menschen zu identifizieren. Da gibt es jemanden, den Sie bewundern. Sie hätten gerne seine Charaktereigenschaften oder Merkmale. Das ist einer der Gründe, weshalb wir Romane lesen und ins Kino gehen. Wir genießen es, uns mit den Helden und Heldinnen in Geschichten zu identifizieren, besonders mit Hauptdarstellern, die bei ihren Bemühungen Erfolg haben. *Identifikation* findet statt, wenn man sein Ego unbewußt mit dem eines anderen verbindet, um Stärke oder Trost aus der Assoziation zu ziehen. Sie kann ein funktioneller Verteidigungsmechanismus sein, um Ihr Selbstwertgefühl zu stärken. Andererseits kann es ein funktionsgestörter Mechanismus sein, wenn Sie sich mit dem falschen Menschen identifizieren.
Sagen wir, ein Mensch, den Sie für bestimmte Charaktereigenschaften bewundern, hat den Wesenszug, Dinge hinauszuschieben. Sie nehmen vielleicht einige der positiven Eigenschaften wie Mut oder Kreativität an, aber der negative Wesenszug des Aufschiebens wird ebenfalls auf Sie abfärben. Passen Sie also auf, mit wem Sie sich identifizieren. Wählen Sie Ihre Rollenmodelle sorgfältig aus. Achten Sie darauf, daß Sie es vermeiden, sich mit anderen zu identifizieren, die ebenfalls Dinge aufschieben, wenn Sie selbst eine starke Neigung dazu haben.

Phantasie

Setzen Sie Phantasie nicht als einen Weg ein, sich der Verantwortung zu entziehen. Jeder von uns weiß, was es heißt, einem Tagtraum nachzuhängen, Luftschlösser zu bauen. An sich ist daran nichts falsch, im Gegenteil, tagträumen kann eine Quelle der Inspiration sein und kann helfen, sich seine Ziele vorzustellen. Manchmal kann man vor seinem geistigen Auge den Pfad sehen, der zu dem Leben führt, das man wirklich führen möchte, und zu dem Menschen, der man werden will.

Phantasie kann aber auch ein Verteidigungsmechanismus sein. In dieser Situation wird Phantasie dazu benutzt, der Verantwortung zu entgehen. Sagen wir, Sie neigen zu Phantasien, in denen Ihre Rolle passiv ist. Sie werden einfach für Ihr Dasein belohnt. Sie gewinnen in der Lotterie; ein reicher Verwandter hinterläßt Ihnen ein Vermögen; ein gutaussehender Fremder nähert sich Ihnen und sagt, daß Sie sehr attraktiv sind; Sie bekommen einen Ehrendoktor verliehen; ein Arzt entdeckt ein Heilmittel gegen Fettleibigkeit, das Sie schlank macht ... Bei all diesen Phantasien müssen Sie keine aktive Rolle übernehmen, und sie sind nicht das Mittel für Ihre Veränderung. Beachten Sie, daß Ihre Rolle darin besteht zu warten. Der Psychiater Eric Berne, der Verfasser von *Games People play*, pflegte in solchen Fällen zu sagen: »Das ist wie das Warten auf den Weihnachtsmann.« Man behauptet, daß man als Erwachsener nicht an den Weihnachtsmann glaubt. Aber es hat zumindest unbewußt den Anschein, als ob viele von uns in einer Art wunschhaftem Denken verhaftet sind, das das Verhalten des Hinausschiebens nährt.
Fragen Sie sich selbst, ob Sie passiven Phantasien frönen. Wenn Sie das tun, strengen Sie sich statt dessen an, eine Phantasie aktiv durch etwas zu ersetzen, bei dem Sie sich selbst *etwas tun sehen*, um ein Ziel zu erreichen.

Verdrängung

Denken Sie über die Natur der Verdrängung nach. Verdrängung oder Repression ist ein Verteidigungsmechanismus, bei dem ein ehemals bewußter Gedanke oder ein ehemals bewußtes Motiv ins Unbewußte verbannt wird. Die verbannten Gedanken oder Motive sind für das bewußte Ich inakzeptabel und tun den Werten und moralischen Standards des Menschen Gewalt an. Verdrängung ist der Meisterverteidigungsmechanismus, der allen Verteidigungsmechanismen zugrunde liegt und dem bewußten Verstand und der rationalen Analsyse nicht zugänglich zu sein scheint. Beachten Sie bitte, daß der Ratschlag hier nicht lautet, Ver-

drängung zu »vermeiden«, sondern darüber »nachzudenken«.
Es ist wichtig, sich dessen bewußt zu werden, daß der Vorgang der Verdängung in jedem von uns stattfindet und daß wir alle bis zu einem gewissen Grad verbotene Wünsche und Wesenszüge haben, die wir unannehmbar finden. Einer der Wege, die negativen Auswirkungen von Verdrängung auf unser Leben aufzulösen, besteht darin, die anderen Verteidigungsmechanismen zu vermeiden. Jeder hat ein bestimmtes Maß an bewußtem Zugang zu ihnen, und man kann lernen, sich selbst in der Handlung zu stoppen. Man muß nicht ihr Opfer sein. Wenn Sie konstruktiv handeln, dann wirken Sie der Verdrängung entgegen und leben im besseren Einklang mit sich selbst.

Das Tennisball-Ego

Betrachten Sie Ihr Ego als einen Tennisball. Nachfolgend ein Auszug aus dem Tagebuch von Roberta F., einer vierundvierzigjährigen Ehefrau, Mutter und Computer-Software-Ingenieurin:

> *Ich war es gewöhnt, mein Ego als ein Stück zerbrechlichen Christbaumschmuck anzusehen. Es mußte sehr sorgfältig gegen die Schlingen und Pfeile des grausamen Schicksals geschützt werden. Wie ein Schmuckstück würde es zerbrechen, wenn es hinunterfiele. Ich war es gewöhnt, mich in dieser Weise zu betrachten. »Das wird mich fertigmachen.« »Ich werde in Stücke springen, wenn er das herausfindet.« Folglich war ich empfindlich und defensiv - immer auf der Hut.*
> *Dann sah ich eines Tages, wie Leute Tennis spielten. Ich sah, wie der Ball ohne offensichtlichen Schaden über den Platz geschlagen wurde. Ich dachte: »Warum kann mein Ego nicht wie dieser Ball sein? Warum muß es zerbrechlich sein wie ein Schmuckstück?« Dann dachte ich: »In der Tat, warum eigentlich? Ich wähle einfach Bilder aus. Aus irgendeinem Grund habe ich die Vorstellung von einem Schmuckstück ausgewählt.*

Ich kann eine bewußte Änderung vornehmen und das Bild des Balles wählen.« Ich dachte über die Merkmale eines Tennisballes nach. Er ist hart und federnd. Er prallt zurück. »Das bin ich«, dachte ich. »Ich pralle immer zurück. Ich bin härter, als ich gedacht habe.«
Ich beschloß, mir bewußt ein Tennisball-Ego vorzustellen. Und es hat mir geholfen, mich selbst von den selbstzerstörerischen Verteidigungsmechanismen zu distanzieren, die mich davon abhalten, effektiv zu sein.

Wie Roberta können Sie eine bewußte Wahl treffen. Versuchen Sie, sich Ihr Ego wie einen Tennisball vorzustellen, und beschließen Sie, daß Sie die Anpassungsfähigkeit haben, die Wirklichkeit in einer konstruktiven Art zu akzeptieren. Das wird Ihnen dabei helfen, wirksam zu handeln und die Dinge nicht länger aufzuschieben.

Ein Wort zum Schluß

Sie müssen nicht das Opfer Ihrer eigenen Selbstverteidigungsmechanismen sein. Sie müssen nicht bis zum Hals in psychologischem Schlamm stecken, weil Sie sich selbst etwas vormachen. Erinnern Sie sich an den Begriff des kreativen Ich. Sie verfügen über Intelligenz und Vorstellungskraft und sollten über geistige Mechanismen erhaben sein und Ihr eigenes Verhalten kontrollieren. Die Selbstverteidigungsmechanismen sind wie Gewichte, die Sie hinunterziehen, Sie bremsen. Sie sind überflüssiges Gepäck. Sie sind eine Art Zuckerglasur über der Pille der Wirklichkeit. Aber diese Zuckerglasur ist ein schlechtes Geschäft, weil es Sie von dem abhält, was Sie eigentlich tun müssen.

Merksätze

- Ein Selbstverteidigungsmechanismus ist eine automatische Reaktion, deren Ziel darin besteht, das Ich gegen die härteren Aspekte der Wirklichkeit zu schützen.

- Das »kreative Ich« ist das Selbst in einem, das über Umstände erhaben sein kann, das in die Zukunft sehen kann, das mit den Selbstverteidigungsmechanismen ringen und sie an ihren Platz verweisen kann.
- Vermeinden Sie die Verleugnung der Wirklichkeit.
- Vermeiden Sie Rationalisierung.
- Vermeiden Sie eine Rückentwicklung.
- Vermeiden Sie Projektion.
- Vermeiden Sie die Verlagerung von Aggression.
- Vermeiden Sie die Bildung von Reaktionsmuster.
- Vermeiden Sie Narzismus.
- Vermeiden Sie es, sich mit dem falschen Menschen zu identifizieren.
- Benutzen Sie nicht die Phantasie dazu, sich der Verantwortung zu entziehen.
- Denken Sie über die Natur der Verdrängung nach.
- Betrachten Sie Ihr Ego wie einen Tennisball.
- Sie können über Ihre Verteidigungsmechanismen erhaben sein und Ihr eigenes Verhalten kontrollieren, indem Sie das kreative Ich einsetzen.

5 Den Minderwertigkeitskomplex besiegen: Ein Minus in ein Plus umwandeln

Ich entsinne mich an einen Cartoon, den ich vor ein paar Jahren gesehen habe. Er stellte einen Patienten dar, der auf einer Couch ruhte. Der Therapeut sagte: »Ich habe Ihr Problem gerade verstanden, Mr. Jones. Sie haben keinen Minderwertigkeitskomplex. Sie *sind* minderwertig.«

Der Humor freilich geht auf Kosten der Leute, die an Selbstzweifeln leiden. Aber drehen wir den Witz einmal um. Die Wahrheit in dieser Sache liegt darin, daß die meisten Leute, die durch ihre Unzulänglichkeitsgefühle Schwierigkeiten haben, ihre Fehler aufbauschen und ihre Pluspunkte herabsetzen. Und sie *sind nicht* minderwertig, sie denken nur, daß sie es sind.

Was ist ein Minderwertigkeitskomplex?

Wie trägt ein Minderwertigkeitskomplex dazu bei, Dinge aufzuschieben?

Wie kann man einen Minderwertigkeitskomplex bewältigen?

Diese Fragen werden in diesem Kapitel beantwortet.

Machtstreben

Der Psychologe Alfred Adler war einer der Pioniere der Psychotherapie. Er führte den Begriff »Minderwertigkeitskomplex« ein, und er sagte, daß alle menschlichen Wesen ein angeborenes Machtstreben besitzen. Er leitete diese Vorstellung von den Schriften des Philosophen Friedrich Nietzsche ab. Das Machtstreben, wie es Adler verstand, ist eine konstruktive Kraft. Es ist der Wunsch, zu wachsen, zu lernen, all das zu bekommen, was man bekommen kann. Die meisten Kinder *wollen* Fahrradfahren lernen, *wollen* lernen, sich selbst anzuziehen, wollen lesen lernen. Erwachsene *wollen* kompetent und effektiv werden und ihre Ziele erreichen.

Leider ist das Machtstreben oft blockiert. Eltern können viel weniger erzieherisch tätig sein, als sie sollten. Manche Eltern setzen die Leistungen ihrer Kinder herab, andere sind beleidigend. Geschwister können einander in motorischen Geschicklichkeiten und akademischen Leistungen überholen. Gleichaltrige können grausam sein und jemandem einen Spitznamen wegen eines Mangels in seinem Erscheinungsbild geben, etwa weil man dicker oder größer als der Durchschnitt ist. Spitznamen wie »Fettsack« und »Bohnenstange« tragen zu einem negativen Selbstbild bei.

Als Konsequenz aus der Frustration des Machtstrebens wird der Minderwertigkeitskomplex geboren. Vor allem in der Kindheit und Jugend bedeutet die bloße Existenz eines Minderwertigkeitskomplexes dessen bösartige Entwicklung. Die dreizehnjährige Dru denkt, daß sie nicht hübsch ist. Folglich widersetzt sie sich allen Versuchen von Seiten ihrer Mutter, sie in »flotte« Kleider zu stecken, ihre Haare zu Locken aufzudrehen und ihr Erscheinungsbild im allgemeinen zu verbessern. Sie denkt, daß solche Anstrengungen sinnlos sind und daß ihre Altersgenossen sie wegen ihrer erbärmlichen Versuche auslachen werden. Schon seit der fünften Klasse hat der vierzehnjährige Julian den Spitznamen »Fettsack«. Weil er dick ist, fühlt er sich einsam und ißt oft aus Selbstmitleid. Das macht ihn noch dicker und einsamer.

Wie kann ein Minderwertigkeitskomplex eine Rolle dabei spielen, Dinge aufzuschieben?

Sagen wir, Julian ist nun ein vierundzwanzigjähriger Mann. Er hat einen Collegeabschluß und arbeitet bei einer Autoversicherung. Eine der Mitarbeiterinnen in seinem Büro ist Rowena, die in der Kundenbetreuung arbeitet. Julian findet Rowena sehr attraktiv und würde sie gerne um eine Verabredung bitten. Er schwärmt heimlich für Rowena. Er hat ein Alter erreicht, in dem er heiraten könnte. Er stellt sich vor, daß eine Verabredung zu Liebe, Heirat und einer Familie führt. In der Realität hat er eine gute Beziehung zu Rowena. Die beiden albern viel herum, machen manchmal zusammen eine Kaffepause, aber Julian hat Angst, daß Rowena es vorziehen könnte, daß sie »nur Freunde« bleiben.

Julian hat noch ein wenig Übergewicht, aber nicht viel – vielleicht zehn oder fünfzehn Pfund. Er hat aber immer noch einen »Ich bin zu fett«-Minderwertigkeitskomplex. Objektiv betrachtet sieht er ziemlich gut aus. Er ist gebildet und ein attraktiver Mann. Aber er *fühlt* sich nicht gutaussehend oder attraktiv. Unbewußt nimmt er sich immer noch als ein einsames, dickes Kind wahr. Aufgrund seines Minderwertigkeitskomplexes läßt er die Wochen zu Monaten werden. Er bittet Rowena nicht um eine Verabredung, sondern steht hilflos daneben, als ein anderer Mann mit ihr ausgeht und sie vielleicht heiratet. Julian fühlt sich wie ein Opfer.

Es ist an der Zeit, den Minderwertigkeitskomplex zu definieren. Ein Minderwertigkeitskomplex besteht aus einer Reihe von zusammenhängenden negativen Vorstellungen eines Askepts des Ich. Er ist spezifisch. Es ist beispielsweise möglich, daß man einen Minderwertigkeitskomplex hat, der folgende Eigenschaften betrifft:

Statur
Gewicht
mathematische Fähigkeit
verbale Fähigkeit
soziales Gleichgewicht
Gesichtszüge
Alter
Intelligenz
Kreativität

Und die Liste könnte beliebig fortgesetzt werden. Beachten Sie, daß es möglich ist, mehr als einen Minderwertigkeitskomplex zu haben. Man kann denken, daß man sowohl

schlecht in Mathematik als auch gesellschaftlich linkisch ist. Obwohl ein Minderwertigkeitskomplex spezifisch ist, breitet sich sein Gift in Ihrer ganzen Persönlichkeit aus.
Das bringt uns zu der Beziehung zwischen Minderwertigkeitskomplex und Selbstwertgefühl. Ein Minderwertigkeitskomplex trägt dazu bei, das Selbstwertgefühl zu verringern. Das Selbstwertgefühl ist eine Art Beurteilung, ein subjektives Maß Ihres Wertes. Wenn Ihr Selbstwertgefühl zu sehr sinkt, fühlen Sie sich wertlos.
Wenn Sie allerdings ein hohes Selbstwertgefühl haben, werden Sie von einem Gefühl persönlichen Wertes aufrechterhalten.
Den Minderwertigkeitskomplex zu bewältigen wird Ihnen dabei helfen, Ihr Selbstwertgefühl zu stärken, und es wird Ihnen dabei helfen, in wichtigen Bereichen Ihres Lebens aufhören zu können, Dinge hinauszuschieben.

Den Minderwertigkeitskomplex besiegen

Glücklicherweise hat Ihre Persönlichkeit die Tendenz, Minderwertigkeitskomplexen entgegenzuarbeiten. Diese Tendenz ist ein psychischer Vorgang, der *Kompensation* genannt wird, ein Selbstverteidigungsmechanismus ist und eine Verbesserung der Lebensqualität zum Ziel hat. Adler nannte Kompensation die wunderbare Fähigkeit der Persönlichkeit, ein psychologisches Minus in ein Plus zu verwandeln.
Nachfolgend ein Beispiel. Ein schwerhöriger Junge wurde von seinen Lehrern als dumm oder sogar geistig zurückgeblieben angesehen. Er war arm und hatte als Kind in einem Zug Süßigkeiten verkauft, um seinen Lebensunterhalt zu finanzieren. Er hatte als junger Erwachsener in der Geschäftswelt keine guten Beziehungen. Die Leute lachten ihn wegen seiner merkwürdigen Vorstellungen aus. Das klingt alles so, als ob dieser Mensch jede Menge Minderwertigkeitskomplexe gehabt haben müßte. Und er hatte sie, aber

er bewältigte sie durch den Prozeß der Kompensation. Er arbeitete härter als andere, um seinen Wert zu beweisen, und beschloß, an sich selbst zu glauben, egal, was andere dachten. Er entwickelte die Charaktereigenschaft der Beharrlichkeit, und langsam aber sicher überwand er alle Barrieren auf dem Weg zum Erfolg. Er heiratete und wurde wohlhabend und berühmt. Auf seinen Namen wurden mehr Patente angemeldet als auf jeden anderen Erfinder in der Geschichte der Vereinigten Staaten: über tausend. Und sein Name? Thomas Alva Edison.

Sie und ich müssen wahrscheinlich nicht halbsoviel überwinden wie Edison. Wenn er seine Träume und Ziele verwirklichen konnte, können Sie das auch.

Im folgenden werden Sie eine Anzahl praktischer Vorschläge finden, die Ihnen dabei helfen werden, Minderwertigkeitskomplexe zu besiegen.

Fehler

Haben Sie keine Angst vor Fehlern. Denken Sie an Kleinkinder, die laufen lernen und am Anfang nichts als Fehler machen. Sie sind noch nicht koordiniert, halten das Gleichgewicht nicht und fallen hin. Aber sie stehen selbst wieder auf und versuchen es weiter, und schließlich gelingt es ihnen. Ein Minderwertigkeitskomplex kann Sie denken lassen, daß Sie beim ersten Mal alles perfekt machen müssen. Sie sehen, wie jemand etwas erreicht hat, und stellen sich fälschlicherweise vor, daß die Fähigkeiten anderer Leute naturbedingt sind, da Sie deren Geschichte von Versuchen und Fehlern nicht kennen. Versuchen Sie, sich bewußt zu machen, daß fast hinter jeder erfolgreichen oder guten Leistung ein langer Lernprozeß steht. Denken Sie für sich selbst: »Versuch und Fehler sind ein Grundprozeß des Lernens.« Und vielleicht werden Sie dann eher dazu bereit sein, Fehler zu machen.

Lassen Sie uns zu Edison zurückkehren. Es ist allgemein bekannt, daß er Hunderte von Materialen ausprobierte, die er willkürlich auswählte, bevor er den richtigen Glühfaden für die elektrische Glühbirne fand. All seine Versuche waren Fehler, bis auf einen, und der eine Erfolg führte zur ersten Glühbirne. Edison hatte keine Angst davor, Fehler zu machen, und genausowenig sollten Sie Angst vor Fehlern haben.

Biographien

Machen Sie sich mit den Biographien erfolgreicher Leute vertraut. Es gibt viele Möglichkeiten, das zu tun. Jede Buchhandlung und jede Bibliothek hat eine große Abteilung mit Biographien. Viele Filme, die auf Videobändern verfügbar sind, behandeln das Leben berühmter Leute.

Sie werden lernen, daß erfolgreiche Leute in ihrer Vergangenheit fast immer einen oder mehrere Minderwertigkeitskomplexe hatten, aber sie haben Wege gefunden, ihre Minderwertigkeitskomplexe zu bezwingen. Minderwertigkeitskomplexe lauern im dunkel, egal, was Sie tun, und durch den Mechanismus der Kompensation kann man sie im dunkeln halten. Tatsächlich wird Kompensation, wenn man ein Meister darin wird, motivierend bei einem Minderwertigkeitskomplex, und das ist damit gemeint, ein Minus in ein Plus umzuwandeln.

Nachfolgend einige Beispiele von erfolgreichen Leuten, die mit Minderwertigkeitsgefühlen fertig werden mußten.

Helen Keller verlor ihr Augenlicht und ihr Gehör, als sie erst neunzehn Monate, also noch ein Kleinkind, war. Schließlich erlangte sie einen B. A. mit *cum laude* in Radcliffe, wurde Rechtsanwältin für Internationale Beziehungen bei die Amerikanischen Blindenstiftung und schrieb ihre berühmte Autobiographie *Die Geschichte meines Lebens.*

Der Schriftsteller Charles Dickens wuchs in Armut auf. Er wurde dazu gezwungen, als Kinder in einer Fabrik zu arbeiten. Er war mager und ängstlich. Eine Darstellung seines Elends kann in romanhafter Form in seinem Werk *David Copperfield* nachgelesen werden. (Beachten Sie, daß seine eigenen Initialen umgedreht als D. C. auf den Namen David Copperfield verweisen.) Der erwachsene Dickens war

einer der berühmtesten Schriftsteller Englands, zu dessen vielen Werken *Große Erwartungen* und *Ein Weihnachtslied in Prosa* zählen.
Die Beispiele könnten beliebig fortgesetzt werden. Es gibt zahllose inspirierende Geschichten, die in Büchern oder auf Videobändern leicht erhältlich sind. Außerdem sind diese Geschichten *wahr,* es ist keine Phantasie, daß man einen Minderwertigkeitskomplex besiegen kann. Ziehen Sie Ihren Vorteil aus diesem reichen Schatz, und Sie werden selbst feststellen, wie Sie sich mit der »Tun-können«-Philosophie erfolgreicher Leute identifizieren.

Aufmunternde Worte

Gönnen Sie sich selbst ein paar aufmunternde Worte. Jeder kennt die aufmunternden Worte der Halbzeit, die die Trainer für Ihre Fußballmannschaften haben.
Man kann aufmunternde Worte lächerlich machen, oder man kann akzeptieren, daß sie oftmals funktionieren. Aufmunternde Worte sind eine Art Zusammenfassung von positiven Fakten, ein Hinweis darauf, wie ein Ziel erreicht werden kann, und eine positive Motivation.
Man kann zu sich selbst aufmunternde Worte sagen, wenn keiner weiter da ist. Eine bessere Idee ist es, die Worte aufzuschreiben. Schreiben erfordert, sich auf seine Gedanken zu konzentrieren, ihnen eine größere Klarheit zu geben. Schreiben hilft auch, logische Gedanken zu entwickeln.
Nachfolgend ein Beispiel aufmunternder Worte, die Lucy S., eine Optikerin, geschrieben hat:

> *Hier sitze ich, Inhaberin eines Doktors der Optometrie. Weil ich stottere, habe ich mir selbst gestattet, in eine Laborarbeit gedrängt zu werden, wo ich keine Leute treffen muß. Ich verdiene etwa die Hälfte von dem, was ich bekommen würde, wenn ich mein eigenes Geschäft aufmachen und mit Leuten verhandeln könnte. Aber ich schäme mich wegen meines Stotterns.*

Die Wahrheit ist, daß ich bestimmt nicht kompetent genug bin, in der Öffentlichkeit Leuten zu begegnen. Mein Minderwertigkeitskomplex wegen des Stotterns ist nur das – ein Komplex. Das Problem ist mehr mein Selbstzweifel als die Tatsache, daß ich manchmal stottere. Ich habe das Selbstbildnis eines Stotterers. Ich betrachte mich selbst als Stotterer und nicht als einen kompetenten Menschen. Dabei habe ich eigentlich gelernt, daß sogenannte gewandte Leute alle möglichen Fehler machen, aber sie sind sich dessen nicht bewußt. Ich werde meinen Arbeitgeber darum bitten, mir zu gestatten, jeden Tag eine Stunde mit Kunden zu verhandeln. Ich denke jetzt schon seit drei Monaten daran, das zu tun. Die Zeit ist gekommen. Morgen früh werde ich mit ihm sprechen.
Ich kann das machen.
Ich kann, und ich werde!

Wie Sie sehen, sind Lucys aufmunternde Worte sehr spezifisch. Sie handeln von einem Hauptproblem, das sie daran hindert, sich in ihrem Leben vorwärtszubewegen. Ihre aufmunternden Worte sollten genauso spezifisch sein. Darum können auch nur Sie selbst sie schreiben, denn Sie kennen sich selbst und Ihre privaten Barrieren am besten. In Ihren aufmunternden Worten suchen Sie realistische Vorgehensweisen, um einen Minderwertigkeitskomplex zu überwinden. Sagen Sie sich selbst, daß dort, wo ein Wille ist, auch ein Weg ist. Und sagen Sie sich wie Lucy, daß die Zeit zum Handeln gekommen ist.

Kontrolle

Machen Sie sich bewußt, daß Sie Dinge hinausschieben, um auf diesem Weg die Kontrolle über Ihr Leben zu bewahren. Das Leben stellt uns oft vor Entscheidungen, die wir treffen müssen, und diese Entscheidungen bringen häufig Veränderungen mit sich. Eine Veränderung des Status quo kann bedrohlich sein. Naomi hat die Chance einer Beförderung und sagt zu ihrem Abteilungsleiter: »Ich werde Ihnen Bescheid geben. Ich muß erst darüber nachdenken.« Nolan hat seit einigen Jahren eine enge Beziehung zu Gail, und sie drängt jetzt auf Heirat. Er schiebt den Gedanken daran von sich. Helen denkt daran, aufs College zu gehen, aber das ist auch alles, was sie tut: daran denken. Jedesmal, wenn sie in das Collegeverzeichnis schaut, wird sie nervös und ängstlich. Inez ist seit fünf Jahren verheiratet, aber sie schiebt eine Schwangerschaft immer noch hinaus, obwohl sie sich mit ihrem Mann darin einig ist, daß sie Kinder haben möchten. Bei jedem dieser Fälle bewahrt sich die Person das Gefühl, ihr Leben zu kontrollieren, indem sie auf der Stelle tritt.

Der unbewußte Gedanke ist: »Es wird mir gutgehen, wenn ich die Dinge einfach so lassen kann, wie sie sind. Jetzt bin ich sicher. Wer weiß, was für Risiken oder mögliche Mißerfolge eine Veränderung bringen kann?« Die Menschen klammern sich an den gegenwärtigen Status der Dinge, wie ein Kind an einem Lieblingstier hängt.

In jedem der Beispiele ist ein Minderwertigkeitskomplex aktiv, um eine Veränderung in der Handlung zu blockieren. Naomis Beförderung erfordert von Zeit zu Zeit Präsentationen, und sie denkt: »Ich kann nicht gut zu Gruppen sprechen.« Nolan bezweifelt, daß er Gails Erwartungen als Geldverdiener und möglicher Vater gerecht werden kann. Helen weiß, daß ihr Englisch und ihre Fähigkeit zu schreiben verbessert werden müssen und daß sie Nachhilfe nehmen muß. Inez hält sich selbst für kränklich und fragt sich, ob sie eine Schwangerschaft überleben würde.

Es ist wichtig, sich bewußt zu machen, daß in jedem dieser Fälle der Minderwertigkeitskomplex nur genau das ist: ein *Komplex.* Er setzt sich aus einer Reihe von *Vorstellungen* zusammen, die nicht notwendigerweise realistisch oder korrekt sind. Diese Gedanken können ihre Wurzeln in Kindheitserfahrungen haben, in relativ kurz zurückliegenden Erfahrungen, in Dingen, die einem über sich selbst von Eltern oder Freunden gesagt worden sind und so weiter.

Manchmal muß man in unerforschte Gewässer segeln und bis zu einem gewissen Grad loslassen. Ja, man schätzt

Wahrscheinlichkeiten ein, bevor man handelt, aber Wahrscheinlichkeiten sind keine Gewißheiten. Wenn man auf Gewißheiten wartet, wird man die größten Chancen an sich vorüberziehen lassen.

Persönliche Konstrukte

Wandeln Sie Ihre persönlichen Konstrukte um. Der Persönlichkeitstheoretiker George Kelly sagte einmal, daß ein *persönliches Konstrukt* eine Vorstellung ist, die man von sich selbst hat. Es wird ein »Konstrukt« genannt, weil die Vorstellung durch den eigenen Verstand aufgebaut wurde. Obwohl die Vorstellung vom Verstand als Realität angesehen wird, ist sie in Wahrheit pure Einbildung. Persönliche Konstrukte können positiv oder negativ sein. Beispiele für positive schließen »Ich bin schön« oder »Ich bin flott« oder »Ich bin intelligent« oder »Ich bin kreativ« oder »Ich besitze eine Menge gesunden Menschenverstandes« oder »Ich bin ein liebevolles Elternteil« ein.

Lassen Sie uns die Vorstellung betrachten, daß persönliche Konstrukte nicht notwendigerweise korrekt sind, bevor ich Ihnen Beispiele für negative Konstrukte aufzähle. Höchstwahrscheinlich kennen Sie jemanden, der so zu denken und zu handeln scheint, als sei er intelligent, aber Sie haben Vorbehalte. Höchstwahrscheinlich kennen Sie auch jemanden, der scheinbar so denkt und handelt, als sei er ein liebevolles Elternteil, aber Sie denken nicht so über ihn. Wie man klar erkennen kann, *existiert* das persönliche Konstrukt im Verstand, nicht in der realen Welt.

Zu den Beispielen für negative persönliche Konstrukte gehören »Ich bin nicht hübsch« oder »Andere Leute sind schlauer als ich« oder »Ich bin nicht gut in Mathemathik« oder »Ich kann keine Melodie halten« oder »Ich schließe nicht leicht neue Freundschaften.« Es ließen sich viele weitere Beispiele für negative persönliche Konstrukte aufzählen. Für den Verstand ist es einfach, negative Konstrukte zu errichten. Manchmal genügt in früher Kindheit ein einziger vernichtender Satz eines Elternteils, um den Samen für ein negatives persönliches Konstrukt wie »Ich bin nicht hübsch« zu säen. Manchmal kann eine einzige schlechte Note für eine Semesterabschlußarbeit ausreichen, um daraus den Schluß zu ziehen »Ich bin nicht gut in Mathematik«. Leider sind wir sehr beeinflußbare Wesen. Und das persönliche Konstrukt entwickelt sich aus Anregungen und ist wirksam als Barriere gegen konstruktives Handeln.

Negative persönliche Konstrukte sind der Stoff, aus dem Minderwertigkeitskomplexe bestehen. Gruppen von miteinander verbundenen, negativen Konstrukten *sind* der Minderwertigkeitskomplex.

Es ist wichtig, zu betonen, daß persönliche Konstrukte nur psychische, keine objektive Wirklichkeit besitzen. Sie sind nur wahr, wenn wir ihnen folgen und sie wahr machen. Das gilt sowohl für positive als auch für negative Konstrukte. Der gesunde Menschenverstand sagt uns, daß man negative Konstrukte durch positive ersetzen sollte, um im Leben weiterzukommen.

Betrachten Sie persönliche Konstrukte als Bauwerke. Sie sind der Architekt und können den Plan abändern, das, was Sie gebaut haben, verändern und Ihr Leben ändern.

Vergrößerung

Bauschen Sie Ihre Fehler nicht auf. Einer der üblichen mentalen Irrtümer, die im Zusammenhang mit persönlichen Konstrukten und Minderwertigkeitskomplexen passieren, ist ein starker Hang dazu, seine Fehler aufzubauschen. Eine attraktive Frau, die fünfzehn Pfund Übergewicht hat, sagt vielleicht: »Ich bin so massiv wie ein Haus.« Ein Mann, der fünf Zentimeter kleiner ist als der Durchschnitt, denkt vielleicht: »Ich bin ein Zwerg.« Ein Collegestudent, der wirklich hart lernen muß, um gute Noten zu bekommen, denkt vielleicht: »Ich bin ein Dummkopf.« In jedem der Fälle wird ein relativ unbedeutendes Manko zu einem großen Problem aufgebläht.

Denken Sie statt dessen: »Ich habe Mängel. Wer hat die nicht? Meine sind im allgemeinen nicht schlimmer als die von jedem anderen.« Es ist sicherlich richtig, wenn man denkt: »Ich habe fünfzehn Pfund Übergewicht« oder »Ich bin fünf Zentimeter kleiner als der Durchschnitt« oder »Ich muß wirklich hart lernen, um gute Noten zu bekommen.« Dies sind wirklichkeitsorientierte Aussagen, und als solche sind sie sowohl konstruktiv als auch nützlich.

Herabsetzung

Setzen Sie Ihre guten Eigenschaften nicht herab. Pearl hat eine reizende Figur, aber wenn sie ein Kompliment von einem Freund bekommt, sagt sie nicht »danke«. Statt dessen setzt sie es als Übertreibung herab, indem sie sagt: »Oh, ich habe einen zu kurzen Oberkörper. Es ist ein Problem, wenn ich Kleider suche.« Es gibt schöne Frauen, die denken: »Ich bin nicht hübsch. Ich weiß nicht, was die Leute in mir sehen, wenn sie sagen, daß ich schön bin.« Es gibt intelligente Leute mit vielen Fähigkeiten, die denken: »Ich bin ein Versager. Ich bin nicht so schlau. Ich habe es vielleicht ganz gut gemacht, aber viel davon ist auch Glück.« Es gibt kreative Leute, die denken: »Das ist nicht so umwerfend. Ich werde es keinem zeigen.« Das erinnert mich an die Dichterin Emily Dickinson. Sie wird für eine der talentiertesten Schriftstellerinnen gehalten, die es jemals gab. Dennoch setzte sie ihre eigene Arbeit herab und enthielt sie anderen vor. Als sie starb, wurden in ihren Aktenordnern annähern zweitausend wirklich gelungene Gedichte gefunden.
Natürlich ist Bescheidenheit ein wünschenswerter Charakterzug, aber verkaufen Sie sich andererseits auch nicht zu billig. Seien Sie bei Ihren Talenten und anderen guten Eigenschaften realistisch, so wie Sie es bei Ihren Mängeln sind.

Die unsichtbare Zuhörerschaft

Werden Sie Ihre unsichtbare Zuhörerschaft los. Die unsichtbare Zuhörerschaft besteht aus Eltern, Geschwistern, Verwandten, Freunden und Bekannten. Sie sehen Ihnen al-

le zu. Sie sehen Ihnen natürlich nicht wirklich zu, aber Sie fühlen sich so, als ob. Diese Zuhörerschaft ist in Ihrem Kopf wie ein Haufen Geister, die jede Ihrer Handlungen beobachtet, sogar Ihre Gedanken. In manchen Fällen sind es wirklich Geister. Viele Leute spüren immer noch die unsichtbare Anwesenheit ihrer verstorbenen Eltern, die etwas Negatives über eine Entscheidung o.ä. sagen würden, wenn sie noch da wären.

Die unsichtbare Zuhörerschaft ist wirklich nur das: unsichtbar. Ihre Mitglieder sind Ihre eigene Kreation. Wenn jemand Sie nicht tatsächlich ansieht, dann *sieht Sie niemand an.* Sie *sind frei.* Sie können tun, was Sie wollen, ohne durch die Maßstäbe anderer beurteilt zu werden. Ich spreche nicht von unverantwortlichen oder unmoralischen

Handlungen, ich spreche von einer Verzögerung wirksamen Verhaltens, weil Sie sich vorstellen, daß ein Mitglied der unsichtbaren Zuhörerschaft sagen wird: »Das ist albern« oder »Das ist eine schlechte Wahl« oder »Was siehst du bloß in ihm oder ihr als einem Partner?« oder »Ich glaube nicht, daß du wirklich weißt, was du da machst.«
Entlassen Sie die Zuhörerschaft, und beobachten Sie, wie sie verschwindet.

Das kreative Selbst

Entdecken Sie Ihr kreatives Selbst. Das »kreative Selbst« ist ein sehr wichtiger Begriff, und daher kehre ich zu ihm zurück. Das Bewußtsein, daß Sie ein kreatives Ich haben, ist wesentlich für Ihre Fähigkeit, einen oder mehrere Minderwertigkeitskomplexe zu bewältigen. Es ist wichtig, sich zu sagen: »Ich habe ein kreatives Selbst. Ich kann es konstruktiv einsetzen, damit es sich ändert und wächst. Ich kann einen Minderwertigkeitskomplex an seinen Platz verweisen und ihm nicht erlauben, mich zu kontrollieren. Ein Minderwertigkeitskomplex darf mich nicht dazu bringen, meine vorwärtsgerichtete Entwicklung zu verzögern, denn er ist nur dann eine Blockade, wenn ich es ihm erlaube.«
Die Entdeckung des kreativen Ich ist die Entdeckung, daß man sein eigenes Verhalten bestimmen kann. Dies ist die Erkenntnis, daß Autonomie, die Fähigkeit, an seinen eigenen Fäden zu ziehen und seine eigenen Knöpfe zu drücken, eine Realität ist.

Ein Wort zum Schluß

In diesem Kapitel habe ich aufgezeigt, wie man das lebensverbessernde Prinzip der Kompensation aktivieren kann. Man kann seine Minuspunkte in Pluspunkte umwandeln. Man muß einem Minderwertigkeitskomplex nicht erlauben, ohne effektives Verhalten Dinge immer weiter hinauszuschieben.

Merksätze

- Ein Minderwertigkeitskomplex erwächst aus der Frustration des Machtstrebens.
- Ein Minderwertigkeitskomplex kann dabei eine Rolle spielen, Dinge aufzuschieben, indem er Selbstvertrauen untergräbt.
- Ein Minderwertigkeitskomplex bedeutet eine Reihe miteinander in Beziehung stehender, negativer Gedanken über einen Aspekt des Ich.
- Einen Minderwertigkeitskomplex zu bezwingen kann Ihnen helfen, Ihr Selbstwertgefühl zu stärken.
- Kompensation ist ein Selbstverteidigungsmechanismus, der Ihnen hilft, einen Minderwertigkeitskomplex zu zähmen.
- Haben Sie keine Angst davor, Fehler zu machen.
- Machen Sie sich mit den Biographien berühmter Leute vertraut.
- Gönnen Sie sich selbst aufmunternde Worte.
- Machen Sie sich bewußt, daß Sie Dinge hinausschieben, um auf diesem Weg die Kontrolle über Ihr Leben zu bewahren.
- Ändern Sie Ihre persönlichen Konstrukte.
- Bauschen Sie Ihre Mängel nicht auf.
- Setzen Sie Ihre guten Seiten nicht herab.
- Werden Sie Ihre unsichtbare Zuhörerschaft los.
- Entdecken Sie Ihr kreatives Ich.

6 Niemand ist ein geborener Zauderer: Den Teufelskreis durchbrechen

Der Schriftsteller und Humorist Mark Twain schrieb: »Gewohnheit ist Gewohnheit, und niemand kann sie einfach über Bord werfen, sondern nur Schritt für Schritt verändern.«

Chronisches Aufschieben von Dingen *ist* eine Gewohnheit, eine »schlechte« Angewohnheit. Oder, um es präziser auszudrücken, chronisches Aufschieben von Dingen ist eine selbstzerstörerische Gewohnheit.

In der modernen Psychologie hat der Begriff *Gewohnheit* mehrere Bedeutungen wie etwa »eine mehr oder weniger automatische Handlung« oder »eine folgerichtige Verhaltensweise«. Aber alle Bedeutungen weisen auf eine gemeinsame Annahme hin: *Eine Gewohnheit ist erlernt.* Und was man gelernt hat, kann man auch wieder verlernen. Eine Gewohnheit kann »gebrochen« oder geändert werden.

Niemand wird als Zauderer geboren. Sie haben bei der Geburt kein »Aufschieb-Gen« geerbt, das für diesen Wesenszug verantworrtlich ist. Wenn Sie ein Problem haben und Dinge hinausschieben, haben Sie sich irgendwie durch eine Kette von Erfahrungen die Verhaltensweise angeeignet, hinter der sich die Gewohnheit verschanzt hat.

Das bringt uns zu Mark Twains Beobachtung zurück. Eine »schlechte« Gewohnheit verdient unsere Beachtung, weil sie ein bedrohlicher Gegner ist. Wie Twain vorschlägt, können wir eine Gewohnheit selten direkt durch bloße Willenskraft brechen, statt dessen müssen wir sie indirekt durch be-

stimmte Methoden bekämpfen. Mit den Worten von Mark Twain gesprochen: Wir müssen die Gewohnheit Schritt für Schritt ändern, bis wir ihr die Tür weisen und sie aus unserem Leben aussperren können.
Die Angewohnheit Dinge aufzuschieben, ist ein selbstzerstörerischer Teufelskreis. Dieses Kapitel wird Ihnen wirksame Wege zeigen, aus diesem Kreis auszubrechen.

Ausbrechen

Die Umsetzung der folgenden, selbstverordneten Strategien und praktischen Verarbeitungstips wird Sie schließlich von der Gewohnheit des Aufschiebens befreien. Diese Tips lassen sich alle im täglichen Leben leicht umsetzen. Aber haben Sie Geduld. Chronisches Hinausschieben ist ein persönlicher Wesenszug und widersetzt sich als solcher den Veränderungen. Aber *kleine* Veränderungen können die Gewohnheit schrittweise auflösen.

Analyse der Gewohnheiten

Machen Sie eine Analyse Ihrer Gewohnheiten. Dies ist eine Art psychologischer Karte Ihrer Angewohnheit, Dinge aufzuschieben, und sie hilft Ihnen, die Umrisse eines Verhaltensmusters zu erkennen. Auf dieselbe Weise, in der ein Echolot die verborgene Gestalt eines Eisberges anzeigt, kann eine solche Analyse die Schlüsselfaktoren einer selbstzerstörerischen Angewohnheit aufdecken.
Lassen Sie uns an dieser Stelle eine wichtige, begriffliche Differenzierung vornehmen und uns eine Unterteilung zwischen Ihrer Angewohnheit, Dinge hinauszuschieben, mit dem Großbuchstaben A kennzeichnen und die kleineren Gewohnheiten mit B. Wir werden die große, schlechte Angewohnheit A unterhöhlen, indem wir sie in eine Reihe von weniger bedrohlichen, kleineren Gewohnheiten B untergliedern.
Besorgen Sie sich einen Satz Karteikarten. Auf die Vorder-

seite jeder Karte schreiben Sie eine einzelne Angewohnheit des Hinausschiebens. Erwarten Sie nicht, all die individuellen Gewohnheiten an einem einzigen Tag festzuhalten. Beobachten Sie etwa eine Woche lang einfach nur Ihr eigenes Verhalten, und schreiben Sie, wenn Sie können, schnell ein paar Notizen zu den Beobachtungen auf.
Nachfolgend ein Teil einer Gewohnheits-Analyse von Carl G., einem Collegestudenten:

1. *Karte:* Wann immer ich Geschichte und politische Wissenschaften lernen soll, finde ich jeden Vorwand der Welt, um das zu vermeiden.
2. *Karte*: Ich bringe meine Bücher immer zu spät in die Bibliothek zurück und zahle hohe Mahngebühren, die ich mir nicht leisten kann.
3. *Karte*: Ich sollte häufiger nach Hause schreiben. Manchmal lasse ich Wochen verstreichen, ohne Mutter und Vater eine Zeile zu schicken. Ich fühle mich schuldig, sie so zu vernachlässigen.

Nachfolgend ein Teil einer Gewohnheits-Analyse von Amelia B., einer alleinerziehenden Mutter und Krankenschwester:

1. *Karte*: Ich teile die Samstagvormittage zum Saugen und Staubwischen ein. Aber ich rufe meine Schwester an, bevor ich anfange, und manchmal vergeude ich eine Stunde am Telefon. Dann fühle ich mich nicht danach, überhaupt irgendeine Hausarbeit zu verrichten.
2. *Karte*: Ich gehe oft zur Arbeit aus dem Haus und lasse eine Spüle voller schmutzigen Geschirrs zurück. Und ich hasse das. Ich *hasse* es, zu einem Durcheinander nach Hause zu kommen.
3. *Karte*: Ich tanke das Auto nicht auf, wenn ich es sollte. Ich verbrauche das Benzin oft gefährlich weit. In den letzten paar Monaten ist es mir zweimal ausgegangen.
4. *Karte*: Ich sage immer, daß ich »sinnvolle Zeit« mit den Kindern verbringen werde, scheine aber niemals dazu zu kommen.
5. *Karte*: Ich sage mir selbst, daß ich beschäftigt bin und

immer auf dem Sprung, aber die Wahrheit ist, daß ich offensichtlich nur viel Zeit verplempere. Letzte Woche habe ich vier Stunden damit verbracht, noch einmal *Vom Winde verweht* zu lesen, als ich alle möglichen wichtigen Aufträge zu erledigen hatte. Ich fühlte mich *schrecklich*, während ich las. Ich fühlte mich zu schuldig wegen all der unerledigten Dinge.

Rangfolgen bilden

Bilden Sie eine Rangfolge der Karten. Setzen Sie die »schwächste« spezifische Gewohnheit an den Anfang der Reihe und die »stärkste« an den Schluß. Die schwächste Gewohnheit ist diejenige, von der Sie selbst denken, daß sie am ehesten geändert werden kann. Arbeiten Sie an dieser ersten Gewohnheit ein paar Tage lang, bis Sie ein gewisses Maß an Erfolg erzielt haben. Wenden Sie sich dann der nächsten Karte zu.

Amelia beispielsweise, arbeitete an der zweiten Karte. Sie haßte es, nach der Arbeit zu einer Spüle voller schmutzigen Geschirrs nach Hause zu kommen, aber es machte ihr nicht wirklich viel aus, das alles abzuwaschen. Daher beschloß sie, daß diese einzelne Gewohnheit leicht bearbeitet werden könnte.

Brainstorming (gemeinsame Problembewältigung)

Geistesblitzlösungen. Erkunden Sie, welche Strategien und Veränderungen Sie wirklich anwenden können, um die Angewohnheiten des Hinausschiebens zu durchbrechen. Bei dieser Suche sind Sie nicht ohne Rückhalt. Verwenden Sie dieses Buch als eine Quelle von Ideen, und dieses Kapitel enthält eine Anzahl davon. Blättern Sie auch in anderen Kapiteln zu den praktischen Hinweisen. Notieren Sie auf der Rückseite der passenden Karte die selbstverordnete Strategie oder die Strategien, von denen Sie denken, daß sie wahrscheinlich funktionieren.

Der Rest dieses Kapitels konzentriert sich auf spezifische Fähigkeiten, mit Gewohnheiten zu brechen, die Sie entweder auf die Rückseite einer Analysekarte schreiben oder sofort durchführen.

Das Premack-Prinzip

Wenden Sie das Premack-Prinzip an. Das Premack-Prinzip wird in der Psychologie zwanglos auch als *Großelternregel* bezeichnet. Sie werden sehen, in welcher Weise es eines der wichtigsten Prinzipien der Verhaltensmodifikation ist, das jemals entdeckt wurde.

Dem experimentellen Psychologen David Premack war bereits bekannt, was andere über Ratten herausgefunden hatten, als er selbst Versuche mit Ratten an der Universität von Kalifornien in Santa Barbara durchführte. Er wußte, daß Ratten in einem Laufrad immer weiter rennen. Sie benötigen weder Aufmunterung noch Belohung dafür, um das zu tun. Die Handlung selbst bringt die Aufmunterung oder Belohnung mit sich. Einfach ausgedrückt: Ratten scheinen es zu »mögen«, im Laufrad zu rennen.

Diese Beobachtungen haben Verhaltensforscher dazu veranlaßt, auf die Existenz eines *Aktivitätstriebes* zu schließen, eines angeborenen Triebes, sich zu bewegen und spontan zu handeln. Das scheint nicht nur auf Ratten, sondern auch auf Menschen zuzutreffen.

Stellen Sie sich vor, Sie müßten in der Praxis eines Arztes lange warten. Können Sie einfach auf einem Stuhl sitzen und eine halbe Stunde lang geradeaus starren? Müssen Sie nicht wenigstens Ihre Beine überkreuzen und wieder nebeneinander stellen? Es ist sogar noch wahrscheinlicher, daß Sie Ihre Haltung auf dem Stuhl verändern werden, aufstehen und bei der Sprechstundenhilfe überprüfen, wann Sie an der Reihe sind, daß Sie versuchen, eine Zeitschrift zu lesen, oder für wenige Minuten die Praxis verlassen und so weiter. Kurz gesagt, Sie sind *ruhelos*, und allein durch *Aktivität* erreichen Sie, daß Sie sich ein bißchen besser fühlen. Wir müssen keine Ratten beobachten, um uns selbst davon

zu überzeugen, daß wir einen Tätigkeitsdrang haben. Ein wenig Selbstbeobachtung zeigt bereits, daß er eindeutig vorhanden ist.

Premack fragte sich, ob er den Tätigkeitsdrang dazu einsetzen könnte, ein anderes Verhalten zu verstärken, eines, das keinen selbstverstärkenden Wert hat. Er stellte einen Apparat mit einem Hebel auf. Jedesmal, wenn die Ratte den Hebel drückte, erhielt sie die Gelegenheit, eine bestimmte Weile zu rennen (beispielsweise fünf Minuten). Der Hebel löste eine Bremse, und die Ratte konnte durch einen Tunnel in den rotierenden Käfig gelangen. Der Tunnel verband den Käfig mit der Schachtel mit dem Hebel. Die Ratte hatte freien Zugang zu beiden Orten und wurde durch Erfahrung und Lernen ein »enthusiastischer« Hebeldrücker. Beachten Sie an dieser Stelle, daß das Betätigen eines Hebels wenig bis gar keinen selbstverstärkenden Wert besitzt.

Lassen Sie uns das alles auf Sie und das tägliche Leben anwenden, indem wir die Brücke von der Welt der Ratte zur Welt des Menschen schlagen. Es gibt etwas, nach dem Sie kein immanentes Bedürfnis haben, es zu tun, da es keinen psychologischen Wert hat; es ist etwas, das wir nicht tun »mögen« oder »wollen«. Premack nannte ein solches Verhalten ein *Verhalten mit seltener Auftretenswahrscheinlichkeit.* Diese etwas umständliche Definition ist nützlich, weil sie uns erlaubt, auf derartiges Verhalten in uns selbst rückzuschließen.

Es gibt etwas, was Sie »gerne« tun wollen, und das ist dann ein *Verhalten mit höchster Auftretenswahrscheinlichkeit.* Damit haben wir einen der wichtigsten Schlüssel gefunden, durch den mit den spezifischen Gewohnheiten des Hinausschiebens gebrochen werden kann. *Schaffen Sie die Gelegenheit, ein Kontingent an Verhalten mit höchster Auftretenswahrscheinlichkeit gegen das Benehmen des Verhaltens mit der selteneren Auftretenswahrscheinlichkeit einzusetzen.* Und das ist auch schon alles, kurz gesagt. Wenn Sie diese Technik vollkommen verstehen und anwenden, werden Sie sich selbst erfolgreich an vielen Fronten gegen das Aufschieben von Dingen kämpfen sehen.

Carl neigt dazu, sich vor dem Lernen zu drücken. Er verschiebt es bis auf die letzte Minute. Er leiht sich zwei oder drei Videobänder gleichzeitig aus und verbringt unzählige Stunden damit, Actionabenteuer und Science-fiction-Filme anzusehen. Videobänder anzusehen, das ist ein Verhalten mit höchster Auftretenswahrscheinlichkeit. Wenn er *erst* Viedeofilme sieht und *dann* lernt, neigt er dazu, immer weniger zu lernen, und verstärkt damit seine Angewohnheit, Dinge aufzuschieben. Wenn er sich jedoch selbst verspricht, daß er zuerst lernt und dann ein Videoband ansieht, wird er feststellen, daß er wahrscheinlich immer mehr lernt und immer weniger Videos ansieht. (Leichter gesagt als getan, denken Sie vielleicht. Mehr zu diesem Punkt später.)

Wenn Amelia sich selbst verspricht, daß sie wichtige Haushaltspflichten oder Besorgungen erledigt, *bevor* sie einen Roman liest, wird sie »verantwortliches« Verhalten verstär-

ken und Verzögerungs-Verhalten löschen. In Wirklichkeit bekommt das Verzögerungs-Verhalten eine sehr wichtige Rolle, wenn das Premack-Prinzip angewendet wird. Es ist, wie wenn man Feuer mit Feuer bekämpft. Das ursprüngliche Verhalten, das ein Problem verursacht, wird dazu verwendet, den eigenen Brand zu löschen.
Das Premack-Prinzip funktioniert. Um sich jedoch selbst dazu zu bringen, sich das Prinzip anzueignen, sind spezielle Fertigkeiten erforderlich. Lassen Sie uns einen Blick auf diese Fertigkeiten werfen.

Aufgabenzentrierung

Machen Sie genaue Angaben zu einem verantwortlichen Verhalten bezüglich einer Aufgabe, nicht der Zeit. Ich nenne das Aufgabenzentrierung im Gegensatz zu einer zeitorientierten Vorgehensweise. Nehmen Sie an, Carl sagt zu sich selbst: »Ich werde jetzt eine Stunde lang Geschichte lernen.« Damit hat er sich zu einem Gefangenen der Zeit gemacht. Es macht ihm keinen Spaß, Geschichte zu lernen, und er sieht ständig auf seine Uhr. »Es sind erst zwanzig Minuten vergangen«, brummt er. »Es kommt mir vor wie über zwei Stunden.«
Ich kenne einen Mann, der als Kind jeden Nachmittag eine Stunde Geige spielen mußte. Heute äußert er sich so dazu: »Diese Stunde schien immer bis in alle Ewigkeit zu dauern.« Befreien wir uns selbst von diesen Erfahrungen. Die Zeit soll keine psychologische Zwangsjacke für uns sein.

Die Aufgabe festlegen

Legen Sie eine Aufgabe exakt fest. Bei der Anwendung des Premack-Prinzipes ist es wichtig, vage, nebulöse Feststellungen über das, was man »tun sollte« und »tun müßte«, zu vermeiden. Carl sagt, er sollte mehr Geschichte und Politische Wissenschaft lernen. Amelia sagt, daß sie mehr sinnvolle Zeit mit ihren Kindern verbringen sollte.
Carl muß sich auf die vage Phrase »lerne mehr« einlassen

und sie in eine konkrete Aufgabe wie »lerne vier Seiten von Kapitel 5 aus dem Geschichtsbuch« umsetzen. Nun hat er eine wohldefinierte, begrenzte Aufgabe. »Mehr lernen« scheint jetzt nicht mehr so schrecklich zu sein.

Ähnlich muß Amelia ihren Wunsch, »sinnvolle Zeit zu verbringen«, in etwas Spezifischeres übersetzen. Vor kurzem hat ihre achtjährige Tochter Debbie das Damespiel für sich entdeckt und bittet ihre Mutter von Zeit zu Zeit, eine Partie mit ihr zu spielen. Normalerweise vertröstet Amelia Debbie mit vagen Versprechungen wie etwa »Wir spielen zusammen, wenn ich mehr Zeit habe.« Indem sie ihre Aufgabe definiert, kann Amelia zu sich selbst sagen oder auf die Rückseite einer Gewohnheits-Analysekarte schreiben: »Ich werde mit Debbie mindestens drei Partien Dame in der Woche spielen.«

Tausende wohlmeinender Leute sagen sich selbst bis in alle Ewigkeit, daß sie sich mehr bewegen sollten. Aber was bedeutet »sich mehr bewegen«? Eine nichtssagende Verallgemeinerung muß in eine exakt definierte Aufgabe umgesetzt werden. Man muß zum Beispiel sagen: »Ich werde in der Woche vier flotte Spaziergänge von zwanzig Minuten unternehmen« oder »Ich werde meinen Hometrainer für drei Sitzungen von je einer halben Stunde pro Woche benutzen.«

Ich finde kein Vergnügen bei Gartenarbeit. Solange ich die Aufgabe auf diese Art definiere, erledige ich nicht viel davon. »Gartenarbeit« ist ein verschwommener Begriff, der viele Hausbesitzer plagt. (Natürlich verstehe ich, daß manche Leute Gartenarbeit mögen und gerne Gartenbau treiben, aber dieser Abschnitt richtet sich nicht an sie.) Jetzt, wo ich ein bißchen erwachsen geworden bin, sage ich zu mir selbst: »Ich habe vor, die drei verstopften Sprinkler am Samstag morgen in Ordnung zu bringen« oder »Ich werde den Rasen Freitag nachmittag düngen.« Das riesige Schreckgespenst der »Gartenarbeit« ist in bewältigbare Dimensionen umgeformt worden.

Ein Vertrag, der das Verhalten festlegt

Schließen Sie einen Vertrag zwischen Ihrem Erwachsenen-Ich und Ihrem Kind-Ich, der Ihr Verhalten regelt. Eine der Fähigkeiten der Verhaltensänderung, die in Workshops zur Kindererziehung gelehrt wird, ist die Festsetzung eines Vertrages, der das jeweilige Verhalten regelt. *Ein Vertrag, der das Verhalten festlegt,* verlangt eine Verhandlung zwischen Elternteil und Kind, um »einen Deal auszuhandeln«. Eine Mutter sagt: »Wenn du deine Arithmetik-Hausaufgabe machst, darfst du danach deine Freundin Susan anrufen. Okay?« Wenn das Kind antwortet: »Oh, Mami, laß mich zuerst mit Susan telefonieren, dann verspreche ich, meine Hausaufgaben zu machen«, muß die Mutter sagen: »Nein. So geht es nicht.« Dann muß sie versuchen, den Vertrag nochmals auszuhandeln, der dann existiert, wenn das Kind etwas wie »gut, in Ordnung« entgegnet. Wenn die Abmachung geschlossen ist und gehalten wird, bewirkt sie bei dem Kind eine Stärkung des Verhaltens mit der selteneren Auftretenswahrscheinlichkeit (Hausaufgaben zu machen) bei gleichzeitiger Schwächung seines Verhaltens mit höchster Auftretenswahrscheinlichkeit (einen Freund oder eine Freundin anzurufen).

In derselben Art, wie der das Verhalten regelnde Vertrag zwischen Elternteil und Kind geschlossen wird, können Sie, wie bereits vorgeschlagen, einen Vertrag zwischen Ihrem Erwachsenen-Ich und Ihrem Kind-Ich schließen. Carls Erwachsenen-Ich verspricht seinem Kind-Ich, daß er ein Video ansehen kann, das er sich ausgeliehen hat, wenn er vier Seiten von Kapitel 5 gelernt hat. Er kann es ansehen und wirklich genießen, *ohne Schuldgefühle*, weil er das Recht verdient hat, es zu sehen. Wenn er seine Geschichtsaufgabe statt dessen hinausschiebt und das Videoband ansieht, bevor er lernt, wird er sich vage schuldig und allgemein ineffektiv fühlen. Sein Vergnügen ist durch das Wissen gestört, daß er sich unverantwortlich verhält.

Amelia schließt einen ihr Verhalten festlegenden Vertrag,

der besagt, daß ihr Kind-Ich zehn Seiten eines Romans ohne Schuldgefühle lesen kann, wenn ihr Erwachsenen-Ich mit ihrer achtjährigen Tochter Dame gespielt hat.
Am Anfang ist es von Vorteil, den das Verhalten regelnde Vertrag *schriftlich* aufzusetzen, aus ihm eine halb-formelle Übereinkunft zwischen dem eigenen Erwachsenen-Ich (»verantwortlich«) und dem Kind-Ich (»unverantwortlich«) zu schließen. (Es sind nur zwei oder drei Zeilen notwendig.) Vereinbarungen, die auf Papier aufgesetzt sind, sind seriös, so daß jeder den Deal einhält.

Sofortige Belohnung

Belohnen Sie sich sofort selbst, nachdem Sie an Ihrem Verhalten mit der niedrigsten Auftretenswahrscheinlichkeit gearbeitet haben. Lernexperimente sowohl bei Tieren als auch bei Menschen haben gezeigt, daß man Neues sehr viel effektiver lernt, wenn unmittelbar darauf die Belohnung folgt. Erlauben Sie sich daher sofort, ohne Verzögerung, die Freude, Ihrem vorbestimmten Verhalten mit der höchsten Auftretenswahrscheinlichkeit nachzugehen, nachdem Sie Ihre sich selbst auferlegte Aufgabe ausgeführt haben.

Die Dauer der Belohnung

Schränken Sie die Dauer der Belohnung zeitlich ein. Als Sie von Carl und seinen Anstrengungen zu lernen gelesen haben, kam Ihnen vielleicht dieser Einwand in den Sinn. »Aber Carl braucht vielleicht nur eine Viertelstunde oder zwanzig Minuten, um die vier Seiten zu lernen, die er als seine Aufgabe definiert hat, und dann schaut er vielleicht eineinhalb Stunden das Videoband an. Ist das nicht ziemlich ineffizient?«
Die Antwort ist natürlich, daß es *ineffizient ist.* Am Anfang ist es vielleicht ein guter Gedanke, sich eine große Belohnung zu gönnen, um das Verhalten mit der niedrigsten Auftretenswahrscheinlichkeit überhaupt in Gang zu bringen. Aber wenn man im Hinblick auf dieses Verhalten an Boden

gewinnt und anfängt, weniger Widerstand zu leisten, ist es in der Folge möglich, sich für die Belohnungen, die mit dem Verhalten mit der höchsten Auftretenswahrscheinlichkeit verbunden sind, ein Zeitlimit zu setzen. Carl könnte sich selbst nach einer oder zwei Wochen versprechen, daß er einen halben Videofilm ansieht, weitere vier Seiten lernt und dann den Rest des Videobandes ansieht.

Man bildet die Fähigkeit heraus, das Hinausschieben von etwas zu vermeiden, indem man zwischen den Verhaltensarten mit der seltensten und häufigsten Auftretenswahrscheinlichkeit abwechselt. Auf dem Weg dorthin verringert sich die Zeit, die benötigt wird, um das Verhalten mit der niedrigsten Auftretenswahrscheinlichkeit zu fördern, auf ein akzeptables Maß. Sie werden feststellen, daß einer der Vorteile der Anwendung des Premack-Prinzips darin besteht, daß Sie immer mehr Zeit mit verantwortungsvollen Aufgaben verbringen und immer weniger Zeit verplempern werden.

Ein Wort zum Schluß

Dieses Kapitel hat sich auf *kurzfristiges Aufschieben von Dingen* konzentriert, auf die Vermeidung »kleiner« Aufgaben, die entweder als unangenehm oder als lästige Pflichten angesehen werden. *Langfristiges Hinausschieben von Dingen* ist – im Gegensatz dazu – die Vermeidung notwendiger Schritte, die es mit sich bringen, persönliche Träume und Lebensziele wahr werden zu lassen. Es ist wichtig, mit beiden Arten des Aufschiebens umgehen zu lernen.

Wir erzielen große Erfolge, indem wir kleine Schritte machen. Denken Sie an das, was der Chinese Lao-tze sagte: »Eine Reise von tausend Meilen beginnt mit einem einzigen Schritt.« Sich mit dem Problem des kurzfristigen Aufschiebens von Dingen auseinanderzusetzen kann Ihnen dabei helfen, die »Tausendmeilenreise« erfolgreich zu beenden, die Sie näher an Ihre wichtigen Ziele bringen wird.

Merksätze

- Zögern ist eine Gewohnheit, und eine Gewohnheit ist erlernt. Was man gelernt hat, kann man auch wieder verlernen.
- Eine Gewohnheit kann dadurch aufgegeben werden, daß man bestimmte Methoden anwendet, mit ihr zu brechen.
- Machen Sie eine *Gewohnheits-Analyse*, eine Art psychologischer Karte Ihrer Angewohnheiten, Dinge hinauszuschieben.
- Brechen Sie Ihre große Angewohnheit, Dinge hinauszuschieben, in die kleineren Gewohnheiten, aus denen sie sich zusammensetzt.
- *Stellen Sie eine Rangfolge mit den Karten mit Ihrer Gewohnheits-Analyse auf.* Arbeiten Sie zuerst an den »schwächsten« Gewohnheiten.

- Wenden Sie das Premack-Prinzip an. Denken Sie an den Schlüssel des Prinzips: Schaffen Sie die Gelegenheit, mit einem Kontingent an Verhalten mit der höchsten Auftretenswahrscheinlichkeit den Kampf gegen das Benehmen des Verhaltens mit der niedrigsten Auftretenswahrscheinlichkeit zu eröffnen.
- Spezifizieren Sie ein verantwortliches Verhalten durch eine gutdefinierte Aufgabe, nicht durch Zeit.
- Legen Sie eine Aufgabe in einer exakt beschriebenen Art fest, die gleichzeitig konkret ist.
- Schließen Sie einen Vertrag zwischen Ihrem Erwachsenen-Ich und Ihrem Kind-Ich, der Ihr Verhalten regelt. Setzen Sie diesen Vertrag *schriftlich* auf.
- Belohnen Sie sich selbst sofort, nachdem Sie sich dem Verhalten mit der niedrigsten Auftretenswahrscheinlichkeit verpflichtet haben.
- Schränken Sie die Dauer der Belohnung zeitlich ein. Dieses Kapitel hat sich darauf konzentriert, mit *kurzfristigem Hinausschieben von Dingen* fertig zu werden.

7. Die Ziele und Träume erreichen: Sind Sie auf dem Holzweg?

Eine der besten Arten, das Aufschieben von Dingen zu vermeiden, besteht darin, sich selbst zu fragen: »Was möchte ich erreichen?«

Sich ständig mit der Vergangenheit zu befassen, mit ihren Kränkungen, Mißerfolgen, Mißständen und Entbehrungen, wird einen nirgendwohin bringen. Als ich ein Heranwachsender war, habe ich einmal am Arrowhead-See in Kalifornien für eine Stunde ein Schnellboot gemietet. Als ich mit meiner Verabredung über den See raste, hatte ich ein wundervolles Gefühl der Freiheit. Ich konnte in jede Richtung fahren, in die ich wollte. Ich dachte: »Aber es bahnt mir nicht meinen Weg. *Ich* steuere das Schiff.« Von Zeit zu Zeit kehre ich zu diesem Bild zurück und denke: »Die Vergangenheit ist wie das Kielwasser des Bootes. Sie liegt *hinter* dem Boot. Sie ist vergangen. Mein innerer Wille kann mein Leben entsprechend meinen Wünschen in derselben Art lenken, wie ich dazu in der Lage war, das Boot zu steuern.« Wenn wir uns auf die Zukunft und nicht auf die Vergangenheit konzentrieren, sind wir über die Vergangenheit erhaben und befreien uns von ihr.

Wir sind zielgerichtete Lebenwesen. Fragen Sie ein Kind, warum es auf den Markt geht. Das Kind antwortet: »Um für Mami einen Liter Milch zu kaufen.« Beachten Sie, daß sogar in diesem Fall eine Absicht angegeben wurde. Das Kind hat eine Antwort gegeben, die sich an der Zukunft orientiert, nicht an der Vergangenheit. Sich ständig mit der Ver-

gangenheit zu befassen bedeutet, im psychologischen Sumpf steckenzubleiben.
Abraham Harold Maslow ist einer der Hauptbegründer der humanistischen Psychologie. Er sagte, daß wir alle ein angeborenes Bedürfnis nach Selbstverwirklichung haben. Wir haben einen starken Wunsch, das Ich zu werden, zu dem wir bestimmt sind. Wir sehnen uns danach, das Beste aus unseren Begabungen und unseren Möglichkeiten zu machen. Wenn man jedoch in einen Beruf gestellt worden ist, der einen davon wegbringt, der Mensch zu werden, zu dem man bestimmt war, verrät und verkauft man sich selbst.
Das Hinausschieben von Dingen ist ein Symptom dafür, ein Leben zu leben, das nicht genügend selbstverwirklichend ist.
Paradoxerweise kann übertriebene Geschäftigkeit ebenfalls ein Symptom für einen Mangel an Selbstverwirklichung sein. Wenn man allzu aktiv ist, sieht das nicht nach Aufschieben aus. Aber in einem gewissen Sinn ist es das. Man schiebt Dinge auf, die wirklich zählen. Man benutzt irrelevante Aktivitäten als eine Art Füllmaterial, um eine emotionale Leere zu stopfen. Wenn das der Fall ist, muß man sich bremsen und einen genauen Blick auf sein Leben werfen. Ein Sprichwort fragt: »Was nützt alle Eile, wenn man auf dem Holzweg ist?« Stellen Sie sich selbst diese Frage, und hören Sie auf die Antwort, die aus ihr erwächst.
Wir sind Wesen, die im Leben einen Sinn brauchen. Die Suche nach dem Sinn ist auch auf die Zukunft ausgerichtet. Der normale Mensch findet Sinn in emotionaler Nähe zu einem Partner, in der Erziehung von Kindern und darin, anderen etwas Wertvolles in Form von Produkten oder Dienstleistungen zu schenken. Die Ziele, die eine besondere Bedeutung haben, werden *Werte* genannt. Es ist wichtig, zu wissen, worin diese Werte bestehen, und auf sie hinzuarbeiten. Man wird Dinge nicht hinausschieben, wenn man weiß, wohin man geht und warum.

Praktische Vorschläge

Die folgenden Vorschläge können Ihnen helfen, sich in einer Weise auf Ihre Energien zu konzentrieren, daß Sie sowohl Ihrem Bedürfnis nach Selbstverwirklichung als auch nach dem Lebenssinn wirksamer begegnen können. Wenn Sie glauben, daß Sie sich auf dem richtigen Weg befinden, werden Sie Ihre Zeit nicht damit verschwenden wollen, Dinge aufzuschieben. Statt dessen werden Sie engagiert sein und Ihre Zeit effizient nutzen wollen.

Ziele bestimmen

Bestimmen Sie wenigstens ein Hauptziel und ein kleineres, das damit zusammenhängt. Ein Hauptziel ist ein Langzeitziel. Es kann Monate oder Jahre dauern, es zu erreichen. Ein kleineres Ziel ist ein Teil- oder Nebenziel und kann in relativ kurzer Zeit erreicht werden. Es ist lohnend, ein kleineres Ziel zu erlangen. Der positive psychologische Lohn, der daraus resultiert, hält Sie auf dem Pfad zum Hauptziel.

Es ist eine gute Idee, seine Ziele aufzuschreiben.

Hal D. bestimmte seine Ziele wie folgt: »Seit meinem sechzehnten Lebensjahr bin ich ein Amateursongschreiber. Aber ich habe niemals etwas zu einem Produzenten geschickt. Ich muß fünfzig oder mehr Songs haben, die, denke ich, einen Wert haben. Ein Hauptziel ist, ein Lied zu veröffentlichen. Ein kleineres Ziel besteht darin, wenigstens ein Demo-Band mit einem erläuternden Text zu erstellen und tatsächlich zu einem Produzenten zu schicken.«

Rosalind S. definierte ihre Ziele wie folgt: »Ich arbeite für einen Wirtschaftsprüfer als Buchhalterin. Ein Hauptziel ist, selbst Wirtschaftsprüferin zu werden. Ein kleineres Ziel ist, den Kursus ›Buchhaltung 101‹ in der Abendklasse meines örtlichen Colleges erfolgreich zu absolvieren.«

Shanelle A. definierte ihre Ziele folgendermaßen: »Ein Hauptziel für mich ist, meine Beziehung zu meiner vierundzwanzigjährigen Tochter zu verbessern. Ein kleineres Ziel ist, Kritik an der Art, wie sie meinen vierjährigen Enkel erzieht, zu vermeiden, wenn ich sie das nächste Mal besuche.«

Jordon H. definierte seine Ziele so: »Ich habe immer gedacht, daß ich singen kann. Ein Hauptziel ist es, wenigstens eine Teilzeit-Karriere als Sänger zu beginnen. Ein kleineres Ziel ist es, zu versuchen, eine Rolle in der örtlichen Aufführung von *Anatevka* zu bekommen.«

Verna L. definierte ihre Ziele wie folgt: »Ich finde es so toll, bei Tennisturnieren zuzusehen. Mein Traum ist nicht, professionell Tennis zu spielen, sondern einfach zu spielen. Das ist mein Hauptziel: recht gut Tennis zu spielen. Mein kleineres Ziel besteht darin, mich im hiesigen Sportverein für Tennisstunden anzumelden.«

Visualisierung

Stellen Sie sich Ihr Ziel geistig vor. Es wird Ihrer zielgerichteten Aktivität erheblichen Auftrieb geben, wenn Sie sich Ihr Ziel vorstellen können. Es gibt viele Arten, das zu tun. Zelma D. wollte abnehmen. Sie schnitt einige Photos von Frauen mit attraktiven Körpern aus Zeitschriften aus und klebte sie an die Kühlschranktür.

Kehren wir zu Jordon H. zurück,der gerne zeichnet. Er malte ein Bild von sich, wie er in einer Musicalproduktion mitsingt. Auch wenn Sie nicht gut zeichnen können, können Sie versuchen, eine Art Bild von dem anzufertigen, was Sie tun oder leisten wollen. Selbst wenn Ihr Werk wie die Zeichnung eines Kindes aussieht – na und? Kinderzeichnungen haben oft eine enorme Ausdruckskraft.

Schließen Sie Ihre Augen, und versuchen Sie, sich zu *sehen*, wie Sie ein Hauptziel erreichen. Träumen Sie mit offenen Augen, was Sie sein wollen. Das ist ein konstruktiver Weg, Phantasie in Ihrem Leben einzusetzen.

Die geistige Vorstellung eines Zieles läßt uns nach vorne blicken. Wie bereits bemerkt, sind wir zweckbestimmte Lebewesen. Unser Sinn, Absichten zu erkennen, wird gefördert, wenn wir mit unserem geistigen Auge sehen können, was mit uns geschieht. Es ist wie das Auflösen von Nebel.

Man ist zuerst langsam gefahren, aber bei klarer Sicht tritt man wieder aufs Gas. Visualisierung hilft, geistigen Nebel aufzulösen.

Die Zeitmaschine

Machen Sie eine Reise mit der Zeitmaschine in die Zukunft, indem Sie Ihre kreative Vorstellungskraft einsetzen. Eigentlich sind zwei Reisen nötig. Die erste Reise sollte in eine Zukunft gehen, in der Sie Dinge hinausgeschoben haben und nicht tatsächlich auf Ihre Ziele hingearbeitet haben. Die zweite Reise sollte in eine Zukunft gehen, in der Sie die Zeit wirksam genutzt und Ihre Ziele erreicht haben.
Der Gedanke, eine Reise mit der Zeitmaschine als Leitidee vorzuschlagen, kam mir, als ich Margo F. beriet. Die junge Mutter dachte darüber nach, Ärztin zu werden. Sie war seit kurzem geschieden, Studentin des örtlichen Colleges und Mutter zweier kleiner Kinder. Ärztin zu werden schien ein unmöglicher Traum zu sein. Sie wollte wissen, was sie tun sollte. Einerseits würde es sehr verlockend sein zu sagen: »Sehen Sie, Margo. Seien Sie realistisch. Das ist wirklich eine weit hergeholte Idee. Sie haben zwei Kinder aufzuziehen, die Sie höchstwahrscheinlich vernachlässigen werden, wenn Sie diese akademische Ausbildung verfolgen.« Und so weiter.
Wer bin ich, daß ich das sagen kann oder darf? Vielleicht wird sie ihre Kinder begeistern, indem sie ein Rollenvorbild ist. Vielleicht wird sie eine bessere Mutter sein, wenn sie glücklich und ausgefüllt ist. Wer weiß das schon?
Carl Rogers, der Begründer der patientenorientierten Therapie, würde geantwortet haben: »Margo weiß es.« Margo ist die Sachverständige ihres eigenen Lebens, nicht ich. Aber der Therapeut kann ein Gefüge zur Verfügung stellen, das Margo helfen wird, ihren richtigen Weg *zu entdecken.* So begann ich mit einer gelenkten Phantasie und beschrieb eine Zeitmaschine. Die Zeitmaschine sah wie ein riesiges Plastikei aus, das auf einem Dreifuß saß. Sie hatte einen bequemen Stuhl und eine Skala, die die in die Zukunft ge-

henden Jahre markierte. Margo betrat die Maschine, und ich schlug vor, daß sie sich selbst zehn Jahre in die Zukunft versetzen sollte, in eine Zukunft, in der sie zuvor *nicht daran gearbeitet hatte*, Ärztin zu werden. An diesem Punkt übernahm sie die Vorstellung. Sie beschrieb eine Zukunft, in der sie ihrer Möglichkeiten beraubt und unglücklich war. Sie lebte in einem schäbigen Haus und schlug sich recht und schlecht mit einem Job durch, den sie nicht leiden konnte. Ihre Kinder waren mager und übellaunig. Man könnte einwenden, daß das nur eine Phantasie war, daß es vielleicht nicht so kommen würde, wie sie es beschrieb. Das stimmt, aber das war Margos Bild davon, wie die Dinge sich entwickeln würden, wenn sie nicht ihrem Traum folgen würde. Und Bilder können sich selbst erfüllende Voraussagen sein. Ich schlug vor, daß sie in die Gegenwart zurückkommen und eine zweite Reise zehn Jahr in die Zukunft unternehmen sollte, in eine Zukunft, in der sie daran gearbeitet hatte, Ärztin zu werden. Wieder übernahm Margo die Vorstellung. Jetzt lebte sie in einem kleinen, attraktiven Appartment. Das Leben war gut und erfüllt. Sie und ihre Kinder hatten eine harmonische Beziehung zueinander. Sie hatte ihre Assistentenzeit beendet und plante, ihre weitere Ausbildung in der Inneren Medizin zu absolvieren.
Als sie ihre Augen öffnete und wir die beiden Reisen diskutierten, erzählte sie mir, daß die erste Reise schwach und trübselig veranschaulicht war. Die zweite Reise war klar und leuchtete in ihrem Geist. Sie vibrierte vor Realität. Margo erzählte mir, sie sei sich sicher, daß ihre Berufung im Leben wäre, Ärztin zu werden.
Ich kenne nicht alle Einzelheiten. Aber durch eine Kombination aus Familienhilfe, öffentlichen Fördergeldern und einem Stipendium war Margo dazu in der Lage, Ärztin zu werden.

Wahlmöglichkeiten

Denken Sie über Ihre Wahlmöglichkeiten nach. Sie reisen auf einem Lebensweg, und es kann Ihnen so vorkommen, als ob es keine Abzweigung von diesem Weg gibt, um die Straße zu einem besseren Weg zu überqueren. Das ist selten der Fall, denn das Leben ist voll von Wahlmöglichkeiten. Man muß jedoch darüber nachdenken, um zu erkennen, worin sie bestehen. Nehmen Sie sich etwas Zeit, die Dinge zu überdenken. Erneut ist es eine gute Idee, Ihre Gedanken aufzuschreiben. Beschreiben Sie den Lebensweg, auf dem Sie sich befinden, wie Sie ihn gegenwärtig sehen. Schreiben Sie dann eine oder mehrere Wahlmöglichkeiten auf, mehrere mögliche Ziele, die Sie als deutliche Wahlmöglichkeiten sehen.

Gary L. war sieben Jahre lang ein Sachverständiger für Schadenersatzansprüche bei einer großen Versicherungsgesellschaft. Er war zwar gut in seinem Job und machte Gewinne. Mit der Verantwortung für eine Familie hatte er aber nicht das Gefühl, sich den Luxus leisten zu können zu kündigen. Er hatte das Gefühl, in einem Job gefangen zu sein, der ihm übermäßig anspruchsvoll vorkam und keine emotionale Befriedigung brachte. Er fand es schrecklich, sich vorstellen zu müssen, daß er in seinem Leben noch für eine Summe von 20 oder mehr Jahren Sachverständiger für Schadenersatzansprüche bleiben müßte.

Indem er seine Wahlmöglichkeiten überdachte, entdeckte Gary die Tatsache wieder, daß er schon immer ein sehr begabter Redner gewesen war. In der High School und am College hatte er mehrere Preise gewonnen. Er beschloß, sich an einem kleinen örtlichen College zu bewerben, um abends eine Sprachklasse zu unterrichten. Er wurde abgewiesen, sie hatten schon zu viele Sprachlehrer.

Dann hörte Gary, der immer noch nach Alternativen forschte, daß ein örtliches Staatscollege sein Programm erweiterte und ebenfalls meist abends unterrichtete. Er beriet sich mit einem Programmkoordinator und brachte in Erfahrung, daß es möglich war, Klassen mit einer von der Teilnehmerzahl abhängigen Entlohnung zu unterrichten. Das College würde ihm fünfundzwanzig Prozent der Bruttoeinkünfte geben. Der erste Kursus war ein bescheidener Erfolg. Für den zweiten Kursus warb er zum Teil auf eigene Kosten.

Er schickte Informationsmaterial an einen ausgewählten Personenkreis, kontaktierte einige Lokalzeitungen, in denen kurze Interviews abgedruckt wurden. Er wurde als Gast zu einer örtlichen Radio-Talkshow eingeladen. Sein zweiter Kursus war deutlich besser besucht. Heute hat Gary ein erfolgreiches Geschäft für freie Rede. Er unterrichtet an fünf verschiendenen Colleges, meist abends und an Samstagen. Er bietet seine Dienste als professioneller Conférencier an und wird für seine Arbeit gut bezahlt. Er konnte seinen Job als Sachverständiger für Schadenersatzansprüche kündigen.

Nell D. war Näherin. Obwohl sie für dieses Gewerbe hervorragend ausgebildet war, hatten sie vier Jahre in diesem

Beruf davon überzeugt, daß dies die falsche Arbeit für sie war. Als alleinerziehende Mutter von vier Kindern war sie sich sicher, auf dem falschen Weg steckenzubleiben. Aber sie fühlte, daß es unverantwortlich sein würde, ihre Arbeit zu kündigen. Als sie ihre Wahlmöglichkeiten überdachte, entdeckte sie die Tatsache wieder, daß sie gerne Blumenarrangements herstellte. Gewöhnlich war das für sie ein angenehmes Hobby, sicherlich nicht etwas, aus dem eine Karriere werden könnte. Nun fing sie an, über die große Zahl an Blumengeschäften in ihrer Gegend nachzudenken und bewarb sich um eine Teilzeitbeschäftigung, und ein Florist lernte sie an. Nells Begabung kam schnell zum Vorschein, und sie machte bald viele Überstunden.

Nells Arbeitgeber, ein Mann mittleren Alters, dachte daran, sich teilweise zur Ruhe zu setzen, und suchte nach einem verantwortungsbewußten Partner. Nell war die perfekte Kandidatin. Sie hatte etwas Geld gespart und konnte eine Anzahlung auf die Hälfte des Geschäfts zu machen. Der Arbeitgeber, nunmehr Partner, nahm einen Schuldschein von ihr an und stundete ihr den Rest. Das war vor einigen Jahren, und inzwischen ist die Schuld getilgt worden. Nell und ihr Partner haben ein florierendes Geschäft, und sie hat endlich einen Aufgabenbereich gefunden, der ihr sowohl emotionale Befriedigung als auch finanzielle Belohnung bietet.

Zufriedenheit

Vergewissern Sie sich, daß Sie das, womit Sie Ihr Geld verdienen, gerne machen. Es mag sich wie Luxus anhören, das gerne zu tun, womit man seine Brötchen verdient. Vielleicht versuchen Sie, illusionslos zu sein. »Solange ich Brot auf den Tisch bringe, ist die Beschaffenheit meiner Arbeit unwichtig.« Denken Sie jedoch über den Satz »Der Mensch lebt nicht von Brot allein« nach. Wenn Sie nur arbeiten und Ihre täglichen Anstrengungen als eine Art Notwendigkeit betrachten, die keine Bedeutung hat, keine Freude oder keinen anderen Wert als den, Ihnen Gehalt zu bringen, wird das, was Sie tun, nie ein wirklicher Erfolg sein. Mit dem, was man macht, nicht zufrieden zu sein, kann ein Faktor dabei sein, Dinge hinauszuschieben. Man widersetzt sich seinen täglichen Aufgaben. Vielleicht kommt man zu spät oder ist viel abwesend. Man nimmt alle Krankentage in Anspruch, obwohl man nicht wirklich krank ist.

Machen Sie eine Unterscheidung zwischen einem Beruf und einer Berufung. Eine Arbeit ist nur etwas, das man macht, um zu überleben. Jeder von uns hat Jobs gehabt. Manchmal müssen wir einen Job annehmen, um durchzukommen. Sehen Sie die Arbeit aber nicht als eine Sackgasse, sondern als einen Trittstein auf dem Weg zu Ihrer wahren Berufung an. Eine Berufung ist eine Lebensberufung, sie ist bedeutungsvoll. Die Tätigkeit, die man als Berufung ausübt, ist selbstverwirklichend.

Vielleicht versucht das Hinausschieben von Dingen bei einer widerwilligen Beschäftigung, Ihnen etwas zu sagen. Scheinbar unnötige Verspätungen und sinnlose Vermeidungstaktiken können Arten sein, auf die Ihr Unterbewußtsein Ihrem bewußten Verstand wichtige Botschaften sendet. Bleiben Sie nicht Jahr um Jahr an einem Job kleben, den Sie wirklich nicht mögen. Sie denken vielleicht, daß dies praktisch ist, aber langfristig betrachtet kann nichts unpraktischer sein.

Zieldaten

Setzen Sie sich Zieldaten. Es ist ein guter Gedanke, ein bestimmtes Datum für die Beendigung eines Projektes festzusetzen. Manchmal wird das natürlich vom Arbeitgeber getan. Setzen Sie sich selbst ein Zieldatum, wenn es nicht von außen festgesetzt ist. »Ich plane, alle meine Haushaltsrechnungen bis Samstag nachmittag bezahlt zu haben.« »Ich werde alle meine Rasensprenkler bis Dienstag nachmittag repariert haben.« Diese Beispiele beziehen sich auf relativ bescheidene Vorhaben.

Größere Projekte erfordern mehr Engagement. Folglich werden Zieldaten bedeutsamer als das Projekt selbst. »Ich rechne damit, den Bericht für meinen Geschichtskursus bis zum zehnten November fertig zu haben.« »Ich habe vor, im Sommer 1998 nach England zu reisen.«

Wenn Sie sich Zieldaten setzen, mobilisieren Sie automatisch Ihre Ressourcen und ordnen einen Planungsvorgang an. Sie beginnen, darüber nachzudenken, wie Sie Ihre Zeit effektiv nutzen können. Der Termin schafft einen *inneren Druck* (internal press), einen innerlichen psychischen Schub, der Sie antreibt und bei der Stange hält. Obwohl Sie selbst das Zieldatum festgesetzt haben, kann daraus eine eigene Realität erwachsen. Darin kann allerdings auch eine Gefahr liegen. Aus einem Zieldatum kann eine Deadline werden. Der Unterschied zwischen einem Zieldatum und einer Deadline ist fein und subjektiv. Natürlich sind beide Ausdrücke ziemlich ähnlich. Ein Zieldatum ist *erwünscht.* Es wird als Ziel erkannt, das man gerne erreichen würde. Eine Deadline wird als ein *Muß* wahrgenommen. Damit geht die unausgesprochene Haltung einher, daß etwas Schreckliches passieren wird, wenn die Aufgabe bis zu diesem Termin nicht erledigt ist. Das Problem liegt in dem Wort *dead.* Niemand wird sterben, wenn die »Deadline« nicht erreicht wird. Es ist wichtig, zu erkennen, daß etwas schiefgehen kann, auch wenn man die Dinge nicht aufschiebt. Man könnte krank werden oder unerwartete Verantwortung auferlegt bekommen. Wenn dem so ist, muß man sein Zieldatum ändern. Der bedeutsame Punkt besteht darin, zwischen Umständen zu unterscheiden, die wirklich außerhalb Ihrer Kontrolle liegen und Sie tatsächlich *zwingen*, ein Zieldatum zu ändern, und bequemen Betrachtungen, die Ihnen gestatten, etwas hinauszuschieben.

Ein Zieldatum ist eine positive Kraft in Ihrem Leben, etwas, das Sie verwirklichen *wollen.* Eine Deadline ist eine negative Kraft. Sie wird als Last wahrgenommen, die man trägt. Denken Sie in Zieldaten, nicht in Deadlines.

An Türen klopfen

Klopfen Sie an viele Türen. Es gibt den Spruch: »Nicht das, was man weiß, zählt, sondern, wer einen kennt.« Die Bedeutung davon ist: Wenn man Verwandte oder Freunde in hohen Positionen hat, werden diese günstige Gelegenheiten für einen schaffen. Niemand bestreitet, daß das in einigen wenigen Fällen stimmt. In der überwiegenden Mehrzahl aller Fälle aber muß man seine eigenen Gelegenheiten selbst schaffen. Wenn man tatsächlich an viele Türen klopft, wird man schließlich viele Leute kennenlernen, die einem helfen können. In gewisser Hinsicht sorgen Sie selbst dafür, daß sich der alte Spruch bewahrheitet. Das »wer« wird zu einem Menschen, den Sie durch eigene Initiative kennengelernt haben.

Es gibt bestimmte Anstrengungen, bei denen wir den Begriff *einen Durchbruch haben* verwenden. Wir sprechen von »im Showgeschäft einen Durchbruch haben«, »im Filmgeschäft einen Durchbruch haben«, »in der Werbung einen Durchbruch haben«, »im Modelgeschäft einen Durchbruch haben« und so weiter. Dieses Vokabular wird angewendet, weil Anfänger sich selbst als Außenseiter betrachten, die keinen Zugang zu dem haben, was ein magischer Kreis zu sein scheint. Wenn man glaubt, daß dieser magisch versiegelt ist, kann es sein, daß man einfach weggeht und keine wirkliche Anstrengung unternimmt, in ihn einzudringen. Wenn man jedoch hartnäckig bleibt und »an viele Türen klopft«, wird man für seine Bemühungen belohnt. Man wird zu einem vertrauten Namen oder Gesicht und bekommt eine Chance, eine winzige Gelegenheit. Kleine Gelegenheiten werden zu größeren führen, und man wird »einen Durchbruch erlangt haben«.

Gestatten Sie mir, kurz die Geschichte von einem Menschen zu erzählen, um die Bedeutung des obigen Prozesses zu illustrieren. Dieser Mann war Zahnarzt an der Ostküste und wollte Romane schreiben. Eine große Zahl von Verlegern lehnte seinen ersten Roman ab. Entmutigt publizierten er und seine Frau den Roman selbst mit

etwas Geld, das sie geerbt hatte. Das Projekt war ein finanzieller Reinfall.
Er fuhr fort zu schreiben, seine Manuskripte an Verleger zu senden und an viele Türen zu klopfen. Irgendwann wurde ihm von einem angesehenen Verleger gesagt, daß er bei der Zahnmedizin bleiben sollte, da er kein Talent habe. Der Möchtegern-Schriftsteller dachte sich: »Wer ist er denn, mir zu sagen, daß ich nicht schreiben kann?« Und er gelobte sich erneut, seinen persönlichen Traum zu verwirklichen.
Einmal besuchte er die Westküste. Er war zu Gast bei einem berühmten Büffeljäger. Von der Weite des Landes fasziniert, wurde seine Phantasie angeregt. Nach wiederholten Nachfragen nahm ein Verleger *Das Gesetz der Mormonen* an. Das Werk erschien 1912 und wurde einer der beliebtesten Westernromane, die jemals geschrieben wurden. Erfolg zog Erfolg nach sich, und der Mann schrieb viele Westernromane. Während der großen Weltwirtschaftskrise verkaufte er Druckrechte für seine Romane für fünfzigtausend Dollar das Stück. Damals waren fünfzigtausend Dollar eine halbe Million oder noch mehr wert.
Sein Name war Zane Grey.
Zane Grey kannte niemanden, als er anfing. Er wurde ausgelacht: »Was weiß ein Zahnarzt von der Ostküste schon über den Westen?« Aber er klopfte an viele Türen und gelangte durch eigene Anstrengungen zum »Durchbruch«.

Ihre Lebensgeschichte

Schreiben Sie Ihre Lebensgeschichte neu. Die Transaktionsanalyse ist eine Persönlichkeitstheorie, die von dem Psychiater Eric Berne entwickelt wurde und besagt, daß die Menschen Lebensgeschichten haben. (Beachten Sie, daß es bei der Transaktionsanalyse Brauch ist, bestimmte Schlüsselwörter groß zu schreiben.) Eine Geschichte wird in der Kindheit »geschrieben«. Sie gibt in einer Art allgemeinem Weg an, in welche Richtung Ihr Leben verlaufen wird. Die Geschichte basiert auf Ihren Erfahrungen vor der Pubertät, Erfahrungen, die darauf hinweisen, daß Sie ein Sieger, Ver-

lierer oder jemand sein werden, der sich nicht besonders auszeichnet. Ein kleinerer Prozentsatz an Leuten hat eine Verlierer-Geschichte, die diktiert, daß sie selbstzerstörerisch sind. Und dann gibt es Leute mit einer Sieger-Geschichte, die diktiert, daß sie selbstverwirklichend sind, Sinn im Leben finden und die meisten ihrer Ziele erreichen.
Die Theorie der Transaktionsanalyse besteht darauf, daß man sein Erwachsenen-Ich dazu benutzen kann, eine Geschichte neu zu schreiben. Man kann die Geschichte durchspielen, die ein Kind vor der Pubertät geschrieben hat. Es ist möglich, sein eigenes Verhalten und seine eigenen Entscheidungen zu betrachten und zu sagen: »Ich will die Geschichte umschreiben. Ich lebe die Geschichte von jemandem, der sich durch nichts Besonderes hervortut, also werde ich meinen Plan überarbeiten. Ich schreibe eine neue Geschichte, eine Sieger-Geschichte.«
Verfassen Sie eine ein- oder zweiseitige Beschreibung der Richtung, die Ihr Leben nehmen wird, wenn Sie einer Sieger-Geschichte folgen, und machen Sie diese Beschreibung zur Grundlage Ihrer überarbeiteten Lebensgeschichte.
Beachten Sie, daß das Aufschieben von Dingen ein negativer Faktor ist, einer, der zu den unauffälligen und Verlierer-Geschichten beiträgt. Wenn Sie Ihre Sieger-Geschichte durchlesen, werden Sie sehen, daß Sie das Hinausschieben von Dingen automatisch weggelassen haben.

Der Wille

Glauben Sie an die Macht des Willens. Es ist leicht, den Glauben an die Macht des Willens zu verlieren. Die Leute sehen sich oft als die Opfer emotionaler Konflikte und schlechter Angewohnheiten. Wenn Sie glauben, daß Sie ein Opfer dieser Kräfte sind, werden Sie es auch sein. Wenn Sie aber an die Macht des Willens glauben, können Sie sich über negative psychologische Faktoren hinwegsetzen.
Die Theorie des *Determinismus* in der Philosophie und Psychologie lehrt, daß alles Verhalten verursacht ist, es ist die Lehre von der kausalen Vorbestimmtheit alles Geschehens,

das durch Gene, Veranlagung, die Tätigkeit des Gehirns, Motive, Erinnerungen und erlernte Verhaltensweisen verursacht wird. Das scheint offensichtlich. Wirklich? Wenn man diesen Standpunkt vollkommen akzeptiert, wo bleibt da der Raum für freien Willen? Determinismus lehrt uns, daß wir Roboter sind, aber Roboter sind alle gleich.

Andererseits lehrt die Theorie des *Voluntarismus* in der Philosophie und Psychologie, daß Verhalten gewollt sein kann, daß der Wille die Grundfunktion des seelischen Lebens ist! Wir können wählen, und das scheint ebenfalls offensichtlich zu sein, denn wir *erleben* uns selbst tagtäglich als jemanden, der sein Verhalten bestimmt.

Welche Sichtweise ist die richtige? Wahrscheinlich liegt in beiden Ansichten ein wenig Wahrheit, daher muß man nicht wirklich eine Wahl treffen. Aber diese Frage wird in philosophischen Kreisen immer noch lebhaft diskutiert.

Ich kann Ihnen jedoch eines sagen: Leute, die an die Macht ihres eigenen Willens glauben, haben eine starke Kraft zu ihren Gunsten. Ein ausgeprägter Sinn für Autonomie ist ein wichtiger Faktor für geistiges Wohlbefinden. Angesichts der Tatsache, daß vom philosophischen Standpunkt aus keine der beiden Positionen strikt verteidigt werden kann, könnte man sein Leben genausogut nicht als determinierter Mensch leben, sondern als einer, der einen freien Willen hat. Der ernsthafte Glaube an den freien Willen erzeugt seine eigene Realität.

Der Schriftsteller William Ernest Henley verlor als Kind ein Bein. Nachdem er viele Probleme überwunden hatte, schrieb er ein Gedicht mit dem Titel »Invictus«, dem lateinischen Wort für »unbesiegt«. Die beiden letzten Zeilen sind berühmt und sind es wohl wert, daß man sie sich einprägt. Tragen Sie sie sich selbst vor, wenn Sie Ihrer Willenskraft einen zusätzlichen Auftrieb geben wollen, wenn Sie versucht sind, das auf morgen zu verschieben, was Sie besser heute noch erledigen sollten.

Sie lauten:

Ich bin der Herr meines Schicksals,
Ich bin der Kapitän meiner Seele.

Mr. »Ich wollte«

Prägen Sie sich Mr. »Ich wollte« ein. Weiter unten werden Sie ein Gedicht eines unbekannten Verfassers finden. Wenn Sie Mr. »Ich wollte« auswendig lernen und das Gedicht in Augenblicken aufsagen, in denen Sie versucht sind, etwas hinauszuschieben, werden Sie in ihm einen mächtigen Verbündeten bei Ihren Bemühungen finden, auf den Kern der Sache zu kommen und die Dinge tatsächlich zu erledigen.

Mr. »Ich wollte« hat einen Kameraden,
und sein Name lautet »Ich tat es nicht«.
Sind Sie ihnen zufällig jemals begegnet?
Haben sie Sie jemals um etwas gebeten?
Diese beiden Burschen leben zusammen
im Haus »Ohne-Sieg«.
Und man hat mir gesagt,
es würde vom Geist »Hätte sein können« heimgesucht.

Ein Wort zum Schluß

Wie zu Beginn des Kapitels bemerkt, sind wir ziel- bzw. zweckorientierte Menschen. Wenn Ihre Ziele und Träume vage oder nicht existent sind, wird das Aufschieben von Dingen ein Problem sein. Das liegt daran, daß Sie keinen wirklichen Wunsch verspüren, sich mit den Aufgaben zu beschäftigen oder die Arbeit zu tun, die notwendig ist, um ein Ziel zu erreichen. Dieses Kapitel hat Ihnen gezeigt, wie man 1) seine Träume und Ziele definiert und 2) ihnen gegenüber konstruktives Verhalten in Gang setzt.

Merksätze

- Indem wir uns auf die Zukunft und nicht auf die Vergangenheit konzentrieren, sind wir über die Vergangenheit erhaben und befreien uns von ihr.

- Das Aufschieben von Dingen ist ein Symptom dafür, daß man ein Leben lebt, das nicht genügend selbstverwirklichend ist.
- Wir sind Wesen, die einen Lebenssinn benötigen. Ziele mit einer besonderen Bedeutung werden *Werte* genannt.
- Legen Sie wenigstens ein Hauptziel fest und ein Nebenziel, das damit verbunden ist.
- Visualisieren Sie Ihr Ziel.
- Machen Sie eine Reise mit der Zeitmaschine.
- Vergewissern Sie sich, daß Sie das, womit Sie Ihr Geld verdienen, gerne machen.
- Setzen Sie sich Zieldaten.
- Klopfen Sie an viele Türen.
- Schreiben Sie Ihre Lebensgeschichte neu.
- Glauben Sie an die Macht des Willens.
- Prägen Sie sich das Gedicht »Mr. Ich wollte« ein.

8 Zwischenmenschliche Aspekte: Verletzen Sie sich selbst oder jemanden anders?

Andere Leute.
Wer sind sie?
Sie sind alle anderen, nur nicht Sie. Es gibt mehrere Milliarden Menschen auf der Welt, aber Sie gibt es nur ein einziges Mal.
Die anderen Menschen in Ihrem Leben, die von Bedeutung sind, werden *signifikante andere* genannt. Das sind in erster Linie Ihre Eltern, Geschwister, Ihr Partner und Ihre Kinder. Großeltern, andere Verwandte, Freunde, Arbeitgeber, Vorgesetzte, Mitarbeiter, Altersgenossen und Freunde können ebenfalls eine wichtige Rolle in Ihrem Leben spielen. Die Art und Weise, wie Sie mit Leuten interagieren, die ein wichtiger Teil Ihres Lebens sind, spielt oft eine Hauptrolle dabei, Dinge hinauszuschieben.
Sie können beispielsweise etwas aufschieben, um sich gegen jemand anderen zur Wehr zu setzen, um ihn zu verletzen, wenn Sie sich von ihm frustriert oder anderweitig gekränkt fühlen. Mehr dazu später.
Zwischenmenschliches Verhalten ist ein Verhalten, das Interaktionen mit anderen Menschen betrifft. Die beiden Hauptbestandteile sind der zwischenmenschliche Stimulus und die zwischenmenschliche Reaktion. Der **interpersonelle Stimulus** ist offenkundig, wenn man eine Anstrengung unternimmt, bei jemand anderem eine Reaktion her-

vorzurufen. Man sagt beispielsweise zu jemand anderem »guten Morgen«. Die **interpersonelle Reaktion** tritt ein, wenn der andere Mensch auf den Stimulus reagiert, den man angeboten hat. Er sagt beispielsweise »Ihnen auch einen guten Morgen«. Oder er könnte sagen: »Was ist daran gut?«

In beiden Fällen hat der andere auf Sie reagiert.

Die *zwischenmenschliche Interaktion* ist ein wichtiger Faktor, der zu beachten ist. Er ist das Lebensmuster, das aus Stimulus und Response (Reiz und Reaktion) entsteht, und sie ist das Resultat von Geben und Nehmen. Wenn die Antwort auf Ihr fröhliches »guten Morgen« eine gleichfalls heitere ist, war die zwischenmenschliche Interaktion positiv, und Sie werden sich vermutlich besser fühlen. Wenn die Antwort auf Ihr fröhliches »guten Morgen« eine unerwartet schlechte ist, war die zwischenmenschliche Interaktion negativ. Und Sie werden sich vermutlich unwohl fühlen.

Zwischenmenschliche Interaktionen haben viel damit zu tun, wie wir unser Leben angehen, und haben auch viel damit zu tun, ob wir etwas aufschieben werden oder nicht.

Verarbeitungsstrategien

Die unten aufgelisteten Verarbeitungsstrategien sind alle dazu geschaffen, Ihnen dabei zu helfen, die Qualität Ihres zwischenmenschlichen Verhaltens zu verbessern. Sie sind praktische Fertigkeiten, die speziell auf einen Hang, Dinge aufzuschieben, abzielen.

Passives Verhalten

Weisen Sie die Versuchung zurück, passiv zu sein. Jemand bittet Sie, etwas zu tun. Sie wollen es nicht machen und sind verärgert, daß Sie überhaupt darum gebeten wurden. Und was tun Sie? Sie sagen: »Oh, in Ordnung«. Sie haben einfach einen inneren Vertrag abgeschlossen, das zu tun, worum Sie gebeten worden sind.

Was machen Sie jetzt? Sie lassen sich alle Zeit der Welt, oder Sie »vergessen« es, zu erledigen, oder Sie leisten keine gute Arbeit, oder Sie arbeiten äußerst langsam, oder Sie erfinden kleine Ausreden, die Ihnen erlauben, die erforderlichen Tätigkeiten zu verschieben.

Sie sind passiv. In dem Versuch, »nett und sympathisch« zu sein, waren Sie zu entgegenkommend. Aber Ihre Passivität hat zu passiv-aggressivem Verhalten geführt. *Passiv-aggressives* Verhalten ist an der Oberfläche nett und kooperativ, auf einem unbewußten Niveau aber negativ und feindselig. In Wahrheit zahlen Sie es dem anderen Menschen heim, daß er Ihnen einen zwischenmenschlichen Stimulus geboten hat, den Sie beleidigend finden.

Bleiben Sie standhaft, wenn Sie darum gebeten werden, etwas zu tun, von dem Sie wirklich nicht denken, daß Sie es tun sollten. Werden Sie nicht feindselig, und sagen Sie nicht etwas wie »Was ist los mit dir? Fällt dir nichts Besseres ein? Ich sehe nicht ein, warum du ausgerechnet mich bittest, das zu machen! Das ist deine Aufgabe!« Wenn die Zuneigung oder das Wohlwollen des anderen Menschen Ihnen wichtig sind, kann eine feindselige Reaktion nur negative Folgen haben.

Sagen Sie statt dessen mit fester Stimme etwas wie »Ich glaube wirklich nicht, daß ich das tun möchte.« Geben Sie einen vernünftigen Grund dafür an, aber unterbreiten Sie keine detaillierte Verteidigung.

Wer ist der Boß?

Spielen Sie nach den Regeln des Bosses. Vielleicht haben Sie Einwände gegen das Hauptprinzip erhoben. Wenn ein Arbeitgeber, ein Vorgesetzter, eine Bitte äußert oder einen Befehl gibt, können Sie nicht nein sagen. In solchen Fällen spielen Sie natürlich nach den Regeln des Bosses. Sie befinden sich in seinem Machtbereich, und es ist unangebracht, zu denken, daß Sie das Sagen haben. Unglücklicherweise ärgern sich viele Leute an ihrem Arbeitsplatz darüber, daß ihnen gesagt wird, was sie zu tun haben, und

reagieren mit passiv-aggressivem Verhalten. Sagen Sie sich selbst in solchen Situationen »Ich werde nach den Spielregeln des Bosses spielen, nicht nach meinen.« Wenden Sie Ihre Haltung zum Positiven, und Sie werden wahrscheinlich weniger Dinge hinausschieben.
Im Fall des ersten Grundsatzes habe ich jedoch von Beziehungen zu signifikanten anderen Personen gesprochen. Wenn eine Frau ihren Ehemann bittet, etwas zu tun, oder umgekehrt, kommt die Frage auf: »Wer ist der Boß?« Natürlich ist im Falle einer Ehe weder der Mann noch seine Frau »der Boß«. Daher ist es angebracht zu verhandeln, wenn Bitten geäußert werden, die man ablehnen möchte.

Soziale Rollen

Vermeiden Sie soziale Rollen mit aufgesetztem Verhalten. Eine *soziale Rolle* ist eine Rolle, die wir im Leben spielen, ein wenig in der Art, wie ein Schauspieler eine Rolle in einem Theaterstück spielt. Eine *funktionelle* soziale Rolle leistet einen Beitrag zur Familie oder der größeren Gemeinschaft. Bekannte funktionelle, soziale Rollen sind die eines Elternteils, Lehrers, eines Heilenden, Freundes und so weiter. Eine *soziale Rolle mit aufgesetztem Verhalten* hat hingegen ein selbstsüchtiges Ziel. Diese Rollen sind die Masken, die wir tragen, wenn wir 1) unseren eigenen Weg gehen und 2) unsere wahren Gefühle und Beweggründe verbergen wollen.
Die Rolle der **Transuse** wird von einem Menschen übernommen, bei dem alles nur in Zeitlupe abläuft. Er braucht »ewig«, um etwas erledigt zu bekommen. Die Art und Weise der Transuse, Dinge hinauszuschieben, besteht darin, alles in die Länge zu ziehen, viele Pausen zu machen, im Schneckentempo zu arbeiten. Natürlich signalisiert das den anderen eine Botschaft. Eine Ehefrau sagt vielleicht: »Ich hasse es, zu kochen und das Haus zu putzen.« Die Frau eines anderen Mannes sagt: »Ich habe wirklich keine Lust, mich für die Party anzuziehen, die deine alten Freunde geben.« Ein Heranwachsender sagt: »Ich will den Rasen nicht

mähen.« Ein Freund sagt: »Ich habe keine Lust auf einen Einkaufsbummel.« Ein Angestellter sagt zu seinem Boß: »Ich sehe nicht ein, warum Sie mir die Unterlagen zum Abheften gegeben haben anstatt Rosabel.«

Der **Kreative Mensch** ist eine soziale Rolle, die von jemandem eingenommen wird, der sich derart produziert, daß es seine künstlerischen Talente »unmöglich« machen, den gewöhnlichen Verpflichtungen des Lebens nachzukommen. Ein solcher Mensch ist derart »empfindsam«, daß andere Leute die Last auf sich nehmen müssen, zu kochen, Rechnungen zu bezahlen, das Auto aufzutanken und an soziale Verpflichtungen zu denken. Ja, es gibt so etwas wie echte Kreativität. Aber die Realität eines schöpferischen Menschen muß von der sozialen Rolle *Kreativer Mensch* unterschieden werden. Ein schöpferischer Mensch ist nicht notwendigerweise jemand, der besondere Rücksicht und Behandlung fordert. Viele kreative Leute sind gut angepaßt und verantwortungsbewußt. Die Rolle des Kreativen Menschen ist ein Schwindel, und ihr Zweck ist egoistisch und manipulativ.

Das obige Thema ist in dem Roman »*Silbermond und Kupfermünze*« von W. Somerset Maugham effektvoll dargestellt. Die Hauptfigur des Romans, Charles Strickland, geht auf die Biographie des Malers Paul Gauguin zurück. Niemand leugnet, daß Paul Gauguin kreativ war. Er arbeitete hauptsächlich in der zweiten Hälfte des neunzehnten Jahrhunderts und gilt als einer der großen Künstler der Welt. Wie in dem biographischen Roman dargestellt, spielte er die Rolle des Kreativen Menschen, um Verantwortung zu entgehen. Er vernachlässigte seine Frau und seine Kinder, und sie mußten von seinen Schwiegereltern unterstützt werden. Er behandelte Frauen wie Dinge und rangierte sie aus, wenn er von dem gelangweilt war, was sie zu bieten hatten. Seine Philosophie schien zu sein: »Alles ist gestattet, weil ich ein großes Talent habe.«

Die Rolle des Kreativen Menschen anzunehmen ist nur eine weitere Art, sich vor etwas zu drücken. Man kann kreativ sein, ohne eine anmaßende Rolle zu spielen.

Die soziale Rolle **Jammerlappen** wird von Leuten gespielt, die Mitleid bei anderen hervorrufen wollen. Der Mensch, der diese Rolle spielt, will andere glauben machen, daß es entschuldbar ist, etwas aufzuschieben, weil er überlastet ist. Wieder gibt es so etwas wie wirkliche Überlastung. Aber man kann erkennen, wann jemand eine soziale Rolle spielt: Die Stimme wird eintönig, die Tonlage steigt, und dadurch klingt die Stimme, als ob sie einem Kind gehört. Die gewählte Ausdrucksweise ist einfach, und die Sätze sind kurz. Zu den Beispielen für Jammerlappen gehören Ausdrücke wie »Ich habe ja sooovIel zu tun. Ich weiß gar nicht, wie ich mit alldem fertig werden soll«, »Ich weiß nicht, warum alles immer mir passiert«, »Ich denke, ich habe einfach kein Glück oder so«, »Das ist zu *schwer*« und »Das ist einfach nicht *fair*!«

Wenn Sie überlastet sind und jemand anders Ihnen helfen kann, schildern Sie ihm das Problem in realistischen, nicht in selbstmitleidigen Worten.

Müder Mensch ist eine soziale Rolle, die häufig in engen Beziehungen wie einer Ehe übernommen wird. Aufschub von verantwortungsbewußtem Verhalten ist entschuldbar, wenn jemand ernsthaft müde oder erschöpft ist. Wie im zweiten Kapitel dargestellt, kann man nicht viel leisten, wenn man nicht genügend Energie hat. Ernsthafte Müdigkeit muß jedoch von eingebildeter Erschöpfung unterschieden werden. In der Rolle des Müden Menschen überzeugt man den anderen, daß man dies oder jenes nicht tun kann, weil man zu müde ist. Und folglich entgeht man Tadel und Kritik für seine Fehler und Mißerfolge.

Denken Sie daran, daß diese sozialen Rollen langfristig selbstzerstörerisch sind, auch wenn es sicherlich recht verführerisch ist, diese sozialen Rollen zu übernehmen. Aber diese Rollen halten Sie fest und sind fast immer destruktiv. Entschließen Sie sich dazu, sie aufzugeben, wenn Sie eine oder mehrere davon spielen.

Nachahmer-Verhalten

Vermeiden Sie Nachahmerverhalten. Beim Nachahmerverhalten imitiert ein Mensch unkritisch das Verhalten eines anderen. Der Wunsch zu imitieren erwächst aus einem Mangel an Vertrauen auf sein eigenes Urteil oder aus Bewunderung für den anderen.

Nachahmerverhalten ist weit verbreitet. Der zehnjährige Jack beginnt, anzugeben und zu sprechen wie ein zwölfjähriger Rabauke, der in seiner Schule alle terrorisiert. Sasha kauft genau den gleichen Teppich für ihr Wohnzimmer wie ihre beste Freundin drei Monate zuvor.

Langfristige Berufswahlen werden manchmal auf der Grundlage von Imitation getroffen. Austin R. machte eine Ausbildung als Mediziner und wurde Arzt, weil er seinen Vater bewunderte, einen hochangesehenen Kleinstadtarzt. Als praktizierender Arzt war Austin aber unglücklich und unausgefüllt. Der Beruf paßte nicht zu seinen Begabungen und Interessen. Er begann, zu trinken und Medikamente zu nehmen. Als er Mitte Dreißig war, fühlte er allmählich, daß die Wahl der medizinischen Laufbahn ein großer Fehler gewesen war. Er fühlte sich in einer Falle gefangen.

Brett E. kommt aus einer Soldatenfamilie. Sein Vater und sein Großvater sind beide Generäle gewesen. Bretts Vater und Mutter sprachen früher oft von ihm als »ganz wie der Vater«. Von Brett wurde erwartet, die Familientradition fortzuführen, und er tat es. Er ging nach West Point an die Militärakademie und machte seinen Abschluß mit Auszeichnung. Zu Beginn war er ein begeisterter Offizier. Aber nach zehn Jahren seiner militärischen Laufbahn trat er auf der Stelle. Wegen Mangels an Effektivität und Effizienz wurde er bei der Beförderung zweimal übergangen. Er betrachtete sich als Enttäuschung sowohl für sich selbst als auch für seine Familie.

Susanne R. wurde vor allem deshalb Rechtsanwältin, weil ihre Mutter ebenfalls Rechtsanwältin war. Als Tochter einer selbständigen, alleinerziehenden Mutter, die oft distanziert und dominant war, glaubte Susanne, daß sie die Liebe und Anerkennung ihrer Mutter gewinnen könnte, indem sie ihr Verhalten imitieren und Rechtsanwältin werden würde. Natürlich funktionierte das nicht. Susannes Mutter hieß ihre Berufswahl gut, aber das verwandelte sie nicht in einen liebevollen Menschen. Susanne ist nur eine mittelmäßige Anwältin und gewiß nicht der effiziente, gutorganisierte Mensch, der ihre Mutter ist. Natürlich bereut Susanne die Entscheidung, die sie getroffen hat.

Das Aufschieben von Dingen ist eines der Symptome, die damit verbunden sind, eine Berufswahl auf der Grundlage von Nachahmerverhalten zu treffen. Selbst wenn man sich dessen nur bewußt ist, erhält man unbewußt ein Signal, das sagt: »Gib acht! Denk noch einmal darüber nach! Vielleicht bist du auf dem Holzweg.«

Wenn Sie einer bestimmten Arbeit nachgehen, weil Sie jemanden bewundern und sich mit ihm identifizieren, ist das nicht Selbstverwirklichung, sondern Vorbildverwirklichung. Bei Vorbildverwirklichung versucht man, einem Ideal gerecht zu werden, das mit den bewunderten Eigenschaften eines anderen Menschen und nicht mit den eigenen ausgestattet ist. Bei Selbstverwirklichung wird man seinen eigenen Begabungen und Fähigkeiten gerecht. Es ist wichtig, daß Sie hier eine Unterscheidung treffen, sonst werden Sie sich, wie im siebten Kapitel angedeutet, auf dem Holzweg befinden. Wenn Sie dann schließlich feststellen, daß Sie auf diesem Weg keine Energie mehr haben, daß Sie etwas vor sich herschieben, liegt das daran, daß die Motivation bei Nachahmerverhalten ohnehin nur auf schwachen Beinen steht.

Wessen Idee ist das?

Fragen Sie sich selbst: »Wessen Idee ist das?« Ihr Partner bittet Sie, eine unangenehme, lästige Pflicht zu erledigen. Ihre Mutter ruft an und bittet Sie in einem für Sie unpassenden Moment, eine Besorgung für sie zu machen. Ihr Kind bittet darum, irgendwohin gefahren zu werden. Wenn nur ein oder zwei Bitten in der Woche an Sie gerichtet wer-

den, werden Sie wahrscheinlich nicht ablehnend reagieren. Fangen die unerwünschten Bitten jedoch an, sich zu häufen, werden Sie sich ständig belästigt fühlen. An diesem Punkt werden Sie anfangen, Dinge hinauszuschieben.
Ihr Aufschieben ist rational. Es ist eine Form von Protest. Sie haben ein Recht dazu, sich selbst zu fragen: »Wessen Idee ist das?« Wenn eine Tätigkeit oder Aufgabe Ihre eigene Idee ist, schieben Sie sie wahrscheinlich weniger oft hinaus, weil sie zu Ihnen *gehört*. Wenn die Tätigkeit oder Aufgabe jedoch die Idee von jemand anders ist, ist sie Ihnen in gewisser Hinsicht fremd, egal, wie vernünftig sie ist.
Sie ist *aufgedrängt*. Und wir können nur ein gewisses Maß an aufgezwungenen Aufgaben ertragen. Sie haben ein Recht darauf, einer Sache ein Ende zu bereiten, wenn die Bitten übertrieben sind.
Seien Sie kein so »netter Kerl«, daß Sie benutzt und ausgenutzt werden können. Ziehen Sie eine Grenze. Machen Sie einen Unterschied zwischen Wünschen von geliebten Personen, die angemessen, und solchen, die unangemessen sind. Unterscheiden Sie auch zwischen einer angemessenen Zahl von Bitten und einer übertrieben großen Anzahl.

Kritik

Haben Sie keine Angst vor Kritik. Ich muß Ihnen eine sehr traurig-schöne Geschichte über Kritik erzählen. Sie ist traurig, weil das Aufschieben einer Sache übermäßig und letzten Endes sinnlos war. Und sie ist schön, weil sie auf lange Sicht betrachtet ein wünschenswertes Ergebnis hatte.
Im Alter von zwanzig Jahren wog ich 245 Pfund. Als ich zwei Jahre später in UCLA mit einem B.A. in Psychologie graduierte, hatte ich ein Normalgewicht von hundertfünfundsiebzig Pfund. Jahrelang träumte ich davon, ein Buch über Gewichtskontrolle zu schreiben. Ich schrieb meinen Erfolg dem Studium der Psychologie zu, und logischerweise nannte ich mein Buch daher »Wie die Psychologie beim Abnehmen helfen kann«. Ich zeigte die ersten beiden Kapitel des Manuskripts einem Freund, der genau wie ich einen

Abschluß in Psychologie hat und das Fach auch unterrichtet. Der Freund las das Manuskript und ging sehr kritisch damit um. Er gab mir zu verstehen, daß es eine hoffnungslose Bemühung war und ich von ihr ablassen sollte. Ich nahm seine Kritik sehr ernst, ich legte das Manuskript beiseite und ignorierte es für *über fünf Jahre*. Soviel zum Thema aufschieben!

Schließlich gewann ich ein kleines bißchen Mut zurück und begann, wieder an dem Manuskript zu arbeiten. Dieses Mal machte ich nicht den Fehler, es einem Freund zu zeigen. Als ich genügend Material hatte, reichte ich es bei einem Verleger ein, und innerhalb von drei Wochen hatte ich einen Vertrag. Das Buch wurde unter dem Titel *Denken Sie sich schlank* veröffentlicht. Der Untertitel lautet: *Wie die Psychologie Ihnen helfen kann, abzunehmen*. Es verkaufte sich als Hardcoverausgabe gut und erreichte fünfzehn Auflagen als Taschenbuch.

Seit dieser traurigen Erfahrung mit Kritik habe ich gelernt, letztere mit einem Körnchen Salz zu nehmen. Häufig basiert Kritik nicht auf einer rationalen Beurteilung Ihrer Arbeit, sondern auf Eifersucht. Das grünäugige Ungeheuer hebt seinen Kopf, und Ihr »Freund« wird sadistisch. Schieben Sie nichts auf, weil irgend jemand Ihre Anstrengungen kritisiert hat. Hören Sie auf Ihren eigenen Rat.

Spiele

Vermeiden Sie das Spiel, jemandem die Schuld zuzuweisen. Im Zusammenhang mit der interpersonalen Psychologie ist ein Spiel ein Machtkampf, in der ein Mensch »gewinnt« und ein anderer »verliert«. Die Worte *gewinnen* und *verlieren* stehen in Anführungszeichen, um darauf hinzudeuten, daß sie als eingeschränkte Begriffe verwendet werden. Derjenige, der »gewinnt«, muß vielleicht einen Preis für den Sieg bezahlen. Und dasselbe gilt für denjenigen, der »verliert«.

Diese Spiele sind unter Eheleuten oder in anderen engen Beziehungen ziemlich verbreitet. Ein von Paaren äußerst häufig gespieltes Spiel ist das der Schuldzuweisung.

Als Caldwell und Rosalyn L. jung verheiratet waren, erbten sie von seinem Vater ein Computergeschäft. Sie arbeiteten zusammen in dem Geschäft, und es florierte. Caldwell war eine dominierende Persönlichkeit, und Rosalyn war nachgiebig. Als Kind und Jugendliche liebte es Rosalyn, zu malen und zu zeichnen. Sie hatte tatsächlich ein wenig Talent und war von Kunstlehrern und anderen ermuntert worden. Rosalyn spürte, daß sie zu ihrer Malerei zurückkehren und einen Beruf in diesem Bereich anstreben wollte. Wenn sie schon keinen künstlerischen Beruf ergreifen könnte, wollte sie wenigstens an langen Abenden und Wochenenden als Hobby malen können, erklärte sie gegenüber Freunden.

Caldwell fühlte sich durch Rosalyns Interesse an der Malerei bedroht, er fürchtete, daß dieses Interesse sie von ihm wegziehen würde und von ihren drei Kindern und den Haushaltspflichten. Daher setzte er ihr Interesse herab. Als sie ein vollständiges Gemälde schuf, als sie noch keine Kinder hatten, beglückwünschte er sie nicht, im Gegenteil, er nannte die Malerei »dumm«. Es war klar für Rosalyn, daß sie nicht malen durfte, wenn sie Caldwells Anerkennung bekommen wollte.

Rosaly wollte malen, doch unbewußt widersetzte sie sich ihrem Talent. Es bedrohte sie. Tief im Inneren hatte sie nicht das Gefühl, gut genug zu sein, und wollte ihren eigenen Grenzen nicht gegenübertreten. In gewisser Hinsicht war es behaglicher, sich mit Caldwells Wünschen zu arrangieren und davon zu träumen, was sie hätte tun können. Sie vermied es, in den Spiegel des Ich zu blicken.

Heute, in ihren Mittvierzigern, ist Rosalyn verbittert wegen ihrer verpaßten Gelegenheit. Sie sagt häufig zu Caldwell: »Wenn du nicht gewesen wärst, hätte ich eine echte Künstlerin sein können. Ich hätte freiberuflich mit meinen Bildern in Kunstgalerien tätig sein können. Aber nein, für dich waren das verdammte Computergeschäft und die großen Sonntagsessen wichtiger.« Sie genießt ihre Kritik, aber in Wirklichkeit gibt sie immer noch nach. Sie arbeitet vierzig bis fünfzig Stunden die Woche in dem Computergeschäft und erledigt den Haushalt. Aber sie genießt es, Caldwell von Zeit zu Zeit fertig zu machen.

Rosalyn ist der Verlierer im Spiel der Schuldzuweisung. Sie hat das Spiel jedoch gespielt, weil es ihr erlaubte, Dinge ohne Schuldgefühle hinauszuschieben. Sie konnte den Fehler auf Caldwells dominierende Persönlichkeit projizieren und sich vor ihrer Verantwortung für sich selbst drücken.
Caldwell ist der Gewinner im Spiel der Schuldzuweisung. Er kann sich überlegen verhalten und ist – oberflächlich betrachtet – der Herr der Lage. Andererseits muß er aber Rosalyns Feindseligkeit ertragen, und er fühlt sich emotional isoliert von ihr.
Obwohl das Spiel des Schuldzuweisens vom Verlierer als »die Schuld des anderen« definiert ist, sollte beachtet werden, daß die wirkliche Verantwortung dafür, wie das Spiel ausgeht, beim Verlierer liegt. Der Sieger wird nicht freiwillig aufhören, das Spiel zu spielen. Der Verlierer muß sich bewußt werden, daß das Spiel eine Art rücksichtslose Befriedigung eigener Bedürfnisse ist, die ihm psychisches Wohlbefinden bereitet, und es stellt ihm eine praktische Entschuldigung für das Aufschieben von Dingen zur Verfügung. Außerdem zahlt der Verlierer den höheren Preis dafür, daß er das Spiel der Schuldzuweisung spielt. Daher ist es Sache des Menschen in der Verliererposition, seine eigene Täuschung sowie die des anderen aufzudecken. Der Verlierer muß in einer bestimmten Art und Weise handeln und aktiv werden, um das Spiel zu beenden.
Der Verlierer des Spiels der Schuldzuweisung spielt es aus dem Kind-Ich heraus. Er muß erkennen lernen, daß es immer möglich ist, sich freiwillig zum Erwachsenen-Ich zu wenden und auf wirksame, verantwortliche Weise zu handeln.
Es ist noch nicht zu spät für Rosalyn. Sie ist zweiundvierzig Jahre alt, immer noch jung genug, um viel zu erreichen. Aber sie muß sich um sich selbst kümmern, und das selbstzerstörerische Spiel der Schuldzuweisung beenden.
Die Einzelheiten des Spiels der Schuldzuweisung unterscheiden sich von Paar zu Paar, und das Spiel taucht auch häufig in Eltern-Kind-Beziehungen und Freundschaften auf. Aber die Grundzüge bleiben dieselben. Die Person in

der Rolle des Verlierers benutzt diese Spielposition als Weg, Selbstkonfrontation zu vermeiden. Es ist eine Art Weglaufen vor einer psychischen Bedrohung. Trotz all der Irritationen, ist das Spiel der Schuldzuweisung eine Art Schutzdecke.
Wenn Sie das Spiel der Schuldzuweisung spielen, egal, wie lange Sie es schon gespielt haben, ist es wichtig, Ihre persönliche Freiheit zurückzufordern. Für ein Spiel braucht man zwei Personen. Es ist wie bei einem Tanz: »Man braucht zwei, um Tango zu tanzen«. Wenn Sie beschließen, mit dem Tanzen aufzuhören, wird der Tanz enden. Wenn Sie sich entschließen, aufzuhören zu spielen, wird das Spiel enden.

Ein Wort zum Schluß

Wenn ein Hang zu chronischem Hinausschieben Ihrerseits durch das Verhalten eines anderen Menschen verstärkt wird, ist es wichtig für Sie, sich dessen bewußt zu werden, daß Sie in der Angelegenheit eine Wahl haben. Andere Menschen haben keine wirkliche Macht über uns, solange wir sie ihnen nicht zugestehen. Wenn Sie sich benutzt und ausgenutzt fühlen, ist es an der Zeit, Inventur zu machen und eine bewußte Entscheidung zu treffen, damit aufzuhören, die soziale Rolle des Opfers zu spielen.
Erlauben Sie sich nicht, manipuliert zu werden. Entscheiden Sie, was Sie tun wollen und müssen, und *tun Sie es.* Auf diese Weise werden Sie die Verantwortung für Ihr Leben und Ihre Zeit übernehmen. Auf seine eigene Weise die Zeit effektiv zu beherrschen ist ein wichtiger Schlüssel, der die Tür aufschließt, die uns in dem Gefängnis des Aufschiebens festgehalten hat.

Merksätze

- Zwischenmenschliches Verhalten ist ein Verhalten, das Interaktionen mit anderen Menschen betrifft.

- Der interpersonelle Stimulus ist offenkundig, wenn man einen Versuch macht, bei jemand anderem eine Reaktion hervorzurufen. Die interpersonelle Reaktion ist eindeutig, wenn der andere Mensch auf den Stimulus reagiert, den man ihm geboten hat.
- Die zwischenmenschliche Interaktion ist das Lebensmuster, das Stimulus und Reaktion geschaffen haben.
- Weisen Sie die Versuchung zurück, passiv zu sein.
- Spielen Sie nach den Regeln des Bosses.
- Vermeiden Sie soziale Rollen mit aufgesetztem Verhalten.
- Vermeiden Sie Nachahmerverhalten.
- Vorbildverwirklichung ist keine Selbstverwirklichung.
- Fragen Sie sich selbst: »Wessen Idee ist das?«
- Haben Sie keine Angst vor Kritik.
- Vermeiden Sie das Spiel der Schuldzuweisung.

9 Ein Mensch der Tat werden: Die Stärke positiver Handlung

Carlo Lorenzinis *Die Abenteuer des Pinocchio* wurden 1883 in Italien veröffentlicht. Millionen Kinder und Erwachsene haben die Filmversionen der Geschichte gesehen. Pinocchio ist eine Puppe, die sich danach sehnt, ein echter Junge zu werden, und sie hat tatsächlich Erfolg. Oberflächlich scheint die Geschichte lediglich eine unterhaltende Phantasie zu sein, schließlich kann aus einer Puppe kein Mensch werden.

Auf einem tieferen Niveau aber ist die Geschichte eine mächtige Metapher für das Leben. Eine Puppe ist ein Ding. Ihre Fäden werden von anderen gezogen, und ihre Quelle der Bewegung kommt von *außen.*

Ein Mensch ist ein Lebenwesen, das sozusagen seine Fäden selbst ziehen kann. Die Quelle der Bewegung kommt von *innen.*

Wie Pinocchio sehen wir uns selbst und werden wirklich lebendig, wenn wir unser eigenes Verhalten von innen heraus bestimmen.

Zwischen reaktivem und proaktivem Verhalten kann eine formale Unterscheidung getroffen werden. **Reaktives Verhalten** ist ein bekannter Begriff. Es findet statt, wenn ein äußerlicher Stimulus eine Reaktion hervorruft oder uns anderweitig zur Handlung treibt. **Proaktives Verhalten** ist ein weniger bekannter Begriff. Es findet statt, wenn man sein eigenes Verhalten will und die Quelle der Handlung das Ich ist.

Wenn der Großteil Ihres Verhaltens reaktiv ist, sind Sie ein wenig wie eine Puppe. *Sie werden dazu gebracht, sich nach etwas zu richten*, aber Sie initiieren keine Handlung. Wenn das meiste Ihres Verhaltens proaktiv ist, dann sind Sie vollkommen lebendig.

Verantwortung übernehmen

Die selbstverordneten Strategien in diesem Buch wurden alle dazu geschaffen, Ihnen dabei zu helfen, proaktiver zu werden, besser dazu in der Lage zu sein, die Verantwortung für Ihre Zeit und Ihr Verhalten zu übernehmen. Dieser Abschnitt stellt ein letztes Angebot an Tips zur Verfügung, das Ihnen dabei hilft, Ihre proaktiven Ressourcen zu festigen und damit aufzuhören, Dinge aufzuschieben.

Positives Handeln

Denken Sie daran, daß eine positive Handlung mächtiger ist als ein positiver Gedanke. Wir hören eine Menge über die Kraft des positiven Denkens. Und positives Denken ist sicherlich wichtig, schließlich ist der Gedanke der Vater der Tat. Nichtsdestoweniger ist es auch wichtig, seine Konzentration vom Denken zur *Handlung* zu bewegen. Ein kleiner Versuch: Legen Sie Ihre Hand auf eine Tischplatte. Verweilen Sie jetzt in Gedanken dabei, Ihren Zeigefinger hochzuheben, während Sie den Rest Ihrer Hand stillhalten. Ich behaupte, daß Sie eine mentale Vorstellung davon haben, wie sich Ihr Finger bewegt. Aber er bewegt sich nicht *tatsächlich.* Warum? Weil Sie nicht handeln, nur *denken.*
Folgen Sie nun einer zweiten Anweisung: Heben Sie Ihren Zeigefinger. Jetzt bewegt sich der Finger tatsächlich. Worin besteht der Unterschied? Bei der zweiten Instruktion haben Sie die Macht des Willens benutzt, um eine Handlung herbeizuführen.
Sie werden überhaupt nichts tun, wenn Sie nicht ein gewisses Maß an Willen einsetzen. Zuerst denkt man, dann will man etwas. Als drittes handelt man. Behalten Sie diese Reihenfolge im Kopf. Positives Denken ist notwendig,

aber nicht ausreichend. Der Wille liefert das außerordentlich wichtige Bindeglied zwischen Gedanken und Handlung. Bis der Gedanke in Handlung umgesetzt ist, ist er nur geistiger Dampf.

An Rädern drehen

Hören Sie auf, an Ihren Rädern zu drehen. Psychologisch betrachtet, bedeutet das, hören Sie auf, vorzubereiten, vorzubereiten, vorzubereiten. Eines der weitverbreiteten Charakteristika bei Leuten, die an chronischem Aufschieben leiden, besteht darin, daß sie entweder zuviel Information sammeln oder zuviel Zeit dafür brauchen, mit etwas fertig zu werden. Das saugt ihre geistige Energie in solch einem Umfang aus, daß sie für die eigentliche Aufgabe nicht mehr viel übrig haben. Das Tun, die Handlung, verschiebt und verschiebt sich. Manchmal passiert nie etwas.

Edgar und Nora D. sind ein wohlhabendes Paar in den späten Vierzigern. Sie sehnen sich danach, ihr Traumhaus zu bauen. Sie haben mit Architekten gesprochen, sich Grundstücke angesehen, Bücher mit Plänen von Häusern gekauft, mit Bauunternehmern gesprochen und so weiter. Alles gute Ideen, sagen Sie? Richtig. Das einzige Problem besteht darin, daß Edgar und Nora das schon seit über fünf Jahren machen. Sie sind hoffnungslos verwirrt. Sie haben sich so in widersprüchlicher Information verzettelt, daß es ein Wunder wäre, würde das Haus jemals gebaut werden.

Ein guter Rat für Edgar und Nora: Legen Sie alles beiseite. Verwenden Sie keinen bewußten Gedanken mehr auf das Sammeln von Informationen. Sprechen Sie eine Zeitlang nicht über die Vorzüge und Nachteile von irgend etwas. Die Zeit zur Vorbereitung ist vorüber. Kalkulieren Sie eine stille Periode des Ausreifens ein. An einem gewissen Punkt wird ein mehr oder weniger günstiger Ansatz, eine Entscheidung zu treffen, entstehen. An diesem Punkt ist es an der Zeit, zu handeln, ohne zurückzusehen.

Louis O. ist Englischlehrer an der High School. Er möchte einen Roman schreiben und will, daß dieser ein Verkaufsschlager wird, ein Bestseller, der einschlägt wie eine Bombe. Was er als »Buch-Hit« liest, nennt er »Buch-Schiet«. Er sagt zu seiner Frau, daß er das leicht viel besser machen könne. Er hat zwanzig verschiedene Bücher darüber gelesen, wie man Romane schreibt und wie man für Geld schreibt. Er hat Fortgeschrittenenkurse zu dem Thema absolviert und hat zehn verschiedene Ideen skizziert. Er hat viele zeitgenössische Romane gelesen, auch die Klassiker. Er ist vollkommen festgefahren, denn er ist überinformiert. Er ist überwältigt von all den Faktoren, von denen er denkt, daß er sie entsprechend hindrehen muß, um einen erfolgreichen Roman zustande zu bringen. Er hält immer noch seine Fassade aufrecht, aber es gelingt ihm nicht, durch das Durcheinander von Information zu kommen, das er sich angeeignet hat. Tatsächlich hat er sich soviel Information angeeignet, daß sie zur Desinformation geworden ist.

Und er hat nicht eine einzige Zeile eines Romans geschrieben.

Wieder ist es Zeit, eine Vorbereitungszeit einzukalkulieren. Louis sollte aufhören, Information zu sammeln, und alles für eine Weile beiseite legen. Dann wird er sich an einem gewissen Punkt dazu bereit fühlen zu handeln. Er wird in der Lage sein, sich ohne zuviel Analyse und Reflexion an die Arbeit zu machen, und er wird etwas zustande bringen.

Spontaneität

Gewinnen Sie Ihre Spontaneität zurück. Etwas spontan zu tun, bedeutet, es ohne viel Selbstanalyse und Selbstkritik zu tun. Spontanes Verhalten erfolgt mit einem Minimum an Planung und einem Maximum an Freude. Es ist ein notwendiger Bestandteil des kreativen Prozesses.

Über Spontaneität herrscht ein großes Mißverständnis. Es kommt vielen Leuten so vor, als sei spontanes Verhalten impulsiv und unverantwortlich, aber nichts könnte weiter von der Wahrheit entfernt sein. Lassen Sie uns eine häufige Erfahrung untersuchen, eine, die viele Leute gemacht haben: Musikstunden nehmen. Marcy ist drei Jahre alt. Sie liebt es, auf dem Klavier im Wohnzimmer herumzuklimpern. Ihre Eltern glauben, daß sie das lieber macht als die meisten anderen Kinder. Sie fragen sie: »Würdest du gerne Musikstunden nehmen, wenn du älter bist?« Sie werden mit einem enthusiastischen »Ja« belohnt.

Ist Marcys Klimpern spontanes Verhalten? Nein, es ist ein *impulsives Verhalten*, weil kein gedankenvoller oder schöpferischer Sinn dabei ist. Es ist nur das vollkommen unreflektierte, ungeplante Verhalten des Vorschülers.

Sehen wir uns Marcy nun im Alter von acht Jahren an. Sie nimmt Musikstunden bei einem autoritären Klavierlehrer, der darauf besteht, daß Marcy ihre Tonleitern und Klavierstücke genau so spielt, wie sie geschrieben sind. Die Stücke sind Übungen ohne Text, und Marcy findet sie unglaublich langweilig. Nichtsdestoweniger hält sie an den Unterrichtsstunden und Übungen fest, weil sie wirklich ein Interesse daran hat, Klavierspielen zu lernen. Aber Marcy spielt auf eine harte, mechanische Art, ihre Impulsivität ist verschwunden, und an ihre Stelle trat ein roboterartiges Verhalten.

Wenn sie gebeten wird, ein Stück für einen Verwandten zu spielen, der aus zu Besuch ist, ist Marcy befangen. Sie fängt zu spielen an, macht einen Fehler und sagt mit entschuldigender Stimme: »Laß mich noch mal von vorne anfangen!« Ihre Art des Klavierspielens kann als *zwanghaft* beschrieben werden.

Stellen wir uns die Zeit vor, wenn Marcy sechzehn Jahre alt sein wird. Jetzt nimmt sie Klavierstunden bei einem Mann, der einmal eine kleine Tanzband hatte. Er ist ein Experte der Improvisation und spielt alle beliebten Standardtänze, Blues, Jazz, Rock'n'Roll und sogar den altmodischen Boogie-Woogie. Er lehrt Marcy Harmonie und die Art, wie Akkorde gebildet und umgekehrt werden können. Er zeigt ihr, wie man den Regeln der Musik folgen und trotzdem mit viel spielerischer Freiheit auftreten kann.

Bei unserem letzten Besuch ist Marcy fünfundzwanzig Jahre alt. Sie spielt selten ein Lied zweimal auf dieselbe Art und Weise, sie erkundet immer neue Wege, um bekanntes Material wiederzugeben. Oft schreibt und spielt sie ihre eigenen Melodien. Kurz gesagt, ihre Verhalten ist *spontan* geworden. Beachten Sie, daß sich die natürliche Entwicklung von Marcys Lernen, und von vielen Arten des Lernens, von impulsiv über zwanghaft zu spontan vollzog. Impulsives Verhalten und zwanghaftes Verhalten sitzen an den entgegengesetzten Enden eines psychologischen Pols. Spontanes Verhalten ist die Mischform, das glückliche Medium, das die beiden Pole in einer solchen Art zusammenbringt, daß sie eine höher entwickelte Verbindung bilden.

Spontanes Verhalten ist bei Menschen natürlich, aber es wird oft auf dem Altar von Selbstanalyse, übermäßigem Training und Perfektionismus geopfert. An Spontaneiät gibt es nichts Unverantwortliches, im Gegenteil, es ist ein gesunder, offener Ausdruck eines vollkommen funktionierenden Geistes. Abraham Harold Maslow stellte in seinen Studien über sich selbst verwirklichende Menschen fest, daß Spontaneität eines ihrer Hauptcharakteristika ist.

Anfangen und Aufhören

Lernen Sie, wie man anfängt und wann man aufhört. Vieles in diesem Buch konzentrierte sich darauf, Sie dazu zu bringen, etwas anzufangen und *nicht* hinauszuschieben. Im sechsten Kapitel habe ich jedoch das Problem angesprochen, den Vertrag zu verletzen, der das eigene Verhalten regelt.

Überwinden Sie Ihren Widerstand gegenüber dem Arbeitsbeginn, indem Sie sich eine begrenzte Aufgabe setzen, denn Ihr Kind-Ich wird sich verraten fühlen, wenn Sie weiter und weiter arbeiten. Eine Zeitlang klappt es mit dieser Verhaltensweise. Sie denken vielleicht, daß Sie den Vorteil wahrnehmen sollten, weil Sie gerade in Schwung sind. Oft *ist* es genauso schwer, aufzuhören wie anzufangen.

Aber täuschen Sie sich nicht selbst.

Wenn Sie auf diesem Weg durchstarten, wenn Sie versuchen, noch einen Anfang mit einer ähnlichen Aufgabe zu machen, werden Sie großen inneren Widerstand verspüren.

Ihr Kind-Ich sagt: »Ausgeschlossen, daß ich einen Deal mit dir mache. Du hältst Dich nicht an deinen Teil der Abmachung!« Und Sie beobachten sich vielleicht selbst, wie Sie zur Gewohnheit des Hinausschiebens von Dingen zurückkehren.

Das Tempo angeben

Lernen Sie, sich selbst das Tempo anzugeben. Lernen Sie vom Verhalten der Schildkröte aus der Fabel von der Schildkröte und dem Feldhasen. Der Feldhase hätte das Wettrennen leicht gewinnen können, aber er verlor es, weil er es aufschob. Er schob es hinaus, weil die Aufgabe so *einfach* war. Er hielt die Aufgabe (nämlich das Rennen) für geringfügig, die erforderlich war, um das Wettrennen zu gewinnen. Für die Schildkröte war die Aufgabe schwierig. So stapfte sie weiter, bewegte sich langsam, aber gleichmäßig auf ihr Ziel zu. Und sie gewann das Wettrennen, während der Feldhase ein Nickerchen hielt.
Dies ist eine Fabel für jeden von uns. Man betrachtet eine Aufgabe vielleicht als so einfach, daß man sich alle Zeit der Welt läßt, um sie zu erledigen. Inzwischen schlägt einen jemand mit weniger Talent, aber mehr Beharrlichkeit. Das sollte nicht passieren. Lernen Sie, sich selbst das Tempo anzugeben. Fangen Sie frühzeitig an, und arbeiten Sie gleichmäßig weiter, und wie die Schildkröte werden Sie, auf lange Sicht betrachtet, der Sieger sein.

Fünf Minuten

Machen Sie sich bewußt, daß auch fünf Minuten echte Zeit sind. Häufig hört man Leute klagen, daß sie keine Zeit dazu haben, dies oder jenes zu tun. Tatsache ist, daß wir oft ein kleines Weilchen nicht festgelegter Zeit zur Verfügung haben. Man kann beispielsweise am Morgen fünf Minuten vor seiner normalen Abfahrtszeit fertig für die Arbeit sein. Wenn Sie fünf Minuten als Nullzeit definieren, dann haben Sie keine Zeit. Wenn Sie andererseits fünf Minuten als ei-

nen Block begrenzter Zeit definieren, können Sie etwas erledigen.
Unter Nutzung eines Fünf-Minuten-Segments kann man eines der folgenden Dinge erledigen: eine Rechnung bezahlen, ein Dankeskarte schreiben, das Bett machen, seine Zähne mit Zahnseide reinigen, den Mülleimer ausleeren oder einen Brief in den Briefkasten einwerfen. Nichts besagt, daß Sie diese Dinge in einem rasenden, nervösen Tempo tun sollten. Betrachten Sie wiederum die Schildkröte. Sie sollten sich dessen bewußt werden, daß selbst fünf Minuten keine Nullzeit sind, daß sogar fünf Minuten als eine funktionelle Periode eingesetzt werden können, um Ihnen dabei zu helfen, mit dem Aufschieben von Dingen aufzuhören.

Reden

Reden Sie nicht zuviel über Ihre Ideen. Sie haben einen Einfall und denken, daß es ein ziemlich guter ist. Er inspiriert Sie dazu, Pläne zu machen. Sie erzählen einem Freund von Ihren Ideen und Plänen. Sagen wir, daß Ihr Freund nicht kritisch, sondern unterstützend ist. Ihr Freund sagt: »Das ist großartig. Fang an damit!« (Ich habe bereits vor den Risiken negativer Kritik gewarnt.) Sie erzählen es jemand anders. Wieder erhalten Sie Ermutigung: »Oh, Junge! Das wird großartig! Du wirst viel Spaß dabei haben und eine Menge Beifall und Anerkennung erhalten.« Sie erzählen es jemand anders, und sechs Monate später fragt Sie der erste Freund, dem Sie davon erzählt haben: »Was ist mit deinem großartigen Einfall? Hast du es gemacht und die Dinge getan, über die du gesprochen hast? Wie steht es damit?«
Ein trauriger Ausdruck huscht über Ihr Gesicht. »Oh, ich habe noch nicht damit angefangen. Aber ich werde es noch tun.«
»Was ist schiefgelaufen? Du warst so enthusiastisch.«
»Ja, ich weiß. Ich weiß auch nicht, was schiefgelaufen ist. Ich habe nur –«

Sie haben was? Sie haben sich nur allen Wind aus den Segeln genommen, indem Sie zuviel über Ihre Idee und Ihre Pläne geredet haben. Sie haben soviel Ermutigung dafür erhalten, daß Ihnen viel von der Notwendigkeit nach Handlung geraubt wurde. Wir handeln, um Anerkennung zu bekommen. Wenn wir dieselbe Anerkennung durch Gerede anstelle von Handlung bekommen können, handeln wir vielleicht überhaupt nicht.

Nehmen Sie sich daher nicht selbst den Wind aus Ihren Segeln, indem Sie zuviel über Ihre Ideen reden. Bewahren Sie die psychische Energie, die damit verbunden ist. Die Dinge, die Sie tun möchten, die wirklich wichtig für Sie sind, sollten innerhalb Ihres privaten psychischen und emotionalen Bereichs bleiben.

Wann?

Fragen Sie sich selbst: Wenn nicht jetzt, wann dann? Dies ist eine der großen Fragen von Hillel dem Älteren, einem jüdischen Rabbi und berühmten Gesetzeslehrer, der vor nahezu zweitausend Jahren gelebt hat. Es ist eine Frage, die man sich selbst stellen sollte. In den meisten Fällen wird die Frage, die man sich selbst stellt, darauf verweisen, daß die Zeit vergeht und daß es in der Tat keine Zeit wie die gegenwärtige mehr gibt. Die Anerkennung der Gültigkeit Ihrer eigenen mentalen Reaktion wird Ihnen dabei helfen, tatsächlich mit effektiver Handlung zu beginnen.

Mr. »Ich wollte«

Kehren Sie zu Mr. »Ich wollte« zurück. Sie finden das Gedicht von Mr. »Ich wollte« im 7. Kapitel. Ich habe vorgeschlagen, daß Sie es sich einprägen. Ich hoffe, Sie haben es nicht aufgeschoben und gesagt: »Ich werde es mir später einprägen.« Vielleicht ist es bereits durch Ihr Kurzzeitgedächtnis hinein- und hinausgegangen. Sollte das der Fall sein, blättern Sie zurück und lernen Sie es auswendig. Sagen Sie es solange auf, bis Sie es im Schlaf können. Wenn

Sie sich dann versucht fühlen, etwas hinauszuschieben, sagen Sie das Gedicht auf, und Sie werden sehen, daß es eine wunderbar anregende Wirkung hat. Es sollte eine der psychologischen Hauptwaffen in Ihrem Kampf gegen das Aufschieben von Dingen sein.

Des eigenen Glückes Schmied sein

Denken Sie daran, daß wir unseres eigenen Glückes Schmied sind. Im elften Jahrhundert verfaßte der bedeutendste persische Dichter seiner Zeit, Astronom und Mathematiker, Omar Chajjam, seine *Rubaijat.* Eine ihrer frühen Übersetzungen ins Deutsche stammt von Friedrich Bodenstedt aus dem Jahr 1889. Der Titel leitet sich vom iranisch-neupersischen Wort *rubai* ab, das »Vierzeiler« bedeutet. Aus dem Rubaijat stammt folgender Vierzeiler:

In eitlem Hoffen schlug ich viel Zeit in den Wind,
Ohne zu wissen, was glückliche Stunden sind,
Und nun fürcht' ich, die Zeit wird nicht mehr kommen,
Die mir gibt, was ich einst nicht selbst genommen.

Damit wird eigentlich gesagt, daß wir die Autoren unseres eigenen Schicksals sind und daß wir unser ganzes Leben mit den Konsequenzen unserer Entscheidungen und Handlungen leben müssen. Er impliziert auch, daß die Zeit nicht verschwendet werden sollte, weil eine ungenutzte Gelegenheit vielleicht nicht noch einmal wiederkehrt. Man bekommt möglicherweise keine zweite Chance.

Ein Wort zum Schluß

Machen Sie den Satz *carpe diem* zu einem wichtigen Bestandteil Ihrer Lebensphilosophie. Er bedeutet auf lateinisch etwa soviel wie »Nutze den Tag«. Er kann annähernd zwei

Jahrtausende bis zu den Schriften des römischen Dichters Horaz zurückverfolgt werden. Die beiden Worte erhielten erneute Popularität, als sie 1989 in dem Kinofilm *Der Club der toten Dichter* aufgegriffen wurden. Ein Literaturlehrer, dargestellt von Robin Williams, sagt zu einer Gruppe von Schülern »*carpe diem*«, um ihnen die Bedeutung davon klarzumachen, daß man die Zeit weise und konstruktiv nutzen soll, um das Beste aus allen Bereichen seines Lebens zu machen.
Gott oder die Natur hat Ihnen diesen Tag gegeben, um zu arbeiten, zu lieben oder zu spielen. Nutzen Sie ihn weise. Schieben Sie nichts mehr auf.
Carpe diem.
Nutze den Tag.

Merksätze

- Reaktives Verhalten findet statt, wenn ein äußerer Stimulus (Reiz) eine Reaktion hervorruft oder einen irgendwie zur Handlung ermuntert.
- Proaktives Verhalten findet statt, wenn das eigene Verhalten gewollt, das Ich die Quelle der Handlung ist.
- Denken Sie daran, daß positives Handeln mächtiger ist als positives Denken.
- Hören Sie auf, an Ihren Rädern zu drehen.
- Gewinnen Sie Ihre Spontaneität zurück.
- Lernen Sie, wie man anfängt und wann man aufhört.
- Lernen Sie, sich selbst das Tempo anzugeben.
- Machen Sie sich bewußt, daß auch nur fünf Minuten echte Zeit sind.
- Reden Sie nicht zuviel über Ihre Ideen.
- Fragen Sie sich selbst: Wenn nicht jetzt, wann dann?
- Kehren Sie zu Mr. »Ich wollte« zurück.
- Denken Sie daran, daß wir selbst unseres Glückes Schmied sind.
- Machen Sie den lateinischen Satz *carpe diem* zu einem wichtigen Bestandteil Ihrer Lebensphilosophie.

10 Ein Anti-Aufschub-Programm in neun Schritten

Vielleicht haben Sie schon einen guten Anfang bei Ihren Bemühungen gemacht, chronisches Hinausschieben zu besiegen. Ich hoffe, Sie haben einige der Vorschläge in diesem Buch angenommen, während Sie es gelesen haben.
Aber es ist möglich, daß Sie das Gefühl haben, festgefahren zu sein. Vielleicht wissen Sie nicht, wo oder wie Sie beginnen sollen. »Ich schiebe den Beginn davon, mit dem Aufschieben aufzuhören, weiter hinaus.«
Dieses Kapitel wurde dazu geschrieben, Ihnen dabei zu helfen, die Dinge in Ordnung zu bringen, zu vereinfachen, und Sie tatsächlich dazu zu bringen, ein Anti-Aufschub-Programm zu beginnen.

Die Vorgehensweise mittels des schwächsten Gliedes

Denken Sie an diesen Grundsatz: Ein Anfang ist besser als gar keiner. In einem früheren Kapitel habe ich in manchen Fällen zu einem halbherzigen Anfang geraten. Folgen Sie also, wenn Sie wollen, einfach Ihrer Nase. Ihre Intuition wird Sie höchstwahrscheinlich zu der selbstverordneten Strategie führen, die Sie *in diesem Augenblick* benötigen, eine, die das schwächste Glied in der Kette von chronischem Hinausschieben zerbricht. Wenn Sie das schwächste Glied zerbrechen, sind Sie schon dabei, die ganze Kette zu zerstören.
Ein Ansatz, um chronisches Hinausschieben zu besiegen,

besteht also darin, nach irgendeinem Vorschlag zu handeln, der Ihnen zusagt. Sehen Sie zu, daß er funktioniert, und gehen Sie dann zu einem anderen Vorschlag weiter. Diese scheinbar zufällige Annäherung an Ihr Problem kann sehr effektiv sein. Eigentlich ist sie aber kein Zufall, denn sie ist unterbewußt durch Ihre eigenen Bedürfnisse und Ihre Triebstruktur vorherbestimmt.

Das Programm in neun Schritten

Sie wollen vielleicht systematisch vorgehen. Sie streben danach, den Hinausschieb-Drachen in einer ordentlichen Art und Weise Stück für Stück zu erschlagen.
Ich habe das Buch so konstruiert, daß jedes Kapitel dem anschließenden in einer logischen Art vorausgeht, und Sie können einen logischen Schritt vorwärtsgehen.
Nachfolgend die neun Schritte, wenn Ihnen diese Vorgehensweise zusagt.

Schritt 1

Kehren Sie zu Kapitel 2 zurück »Erschöpfung und Verzögerung«. Fragen Sie sich selbst, ob echte Erschöpfung ein wichtiger Faktor bei Ihrem Hang, etwas hinauszuschieben, ist. Machen Sie den Sieg über die Erschöpfung zu Ihrer obersten Priorität, wenn die Antwort ja lautet. Suchen Sie den Abschnitt »Das Energieniveau heben«, und überlegen Sie die Vorschläge. Wählen Sie einen aus, der Ihnen besonders wichtig erscheint, und setzen Sie ihn um. Fahren Sie in dieser Weise fort, bis Sie davon überzeugt sind, daß es nicht Erschöpfung ist, was Sie von effektiverem Verhalten abhält.
Wenn Erschöpfung keine wichtige Rolle bei Ihrem Hang zum Aufschieben zu spielen scheint, überspringen Sie die Vorschläge in diesem Kapitel, und gehen Sie direkt zu Kapitel 3 weiter.

Schritt 2

Gehen Sie zu Kapitel 3 »Widerstand«. Dieses Kapitel ist dazu gedacht, Ihnen zu helfen, Ihre eigenen inneren Barrieren gegen effektives Verhalten zu verstehen. Es zeigt Ihnen, wie diese Steine, die Sie sich selbst in den Weg legen, wieder zu entfernen sind.
Suchen Sie den Abschnitt mit der Überschrift »Widerstand bezwingen«. Schätzen Sie die selbstverordneten Strategien ein, und wenden Sie eine an, die Ihnen besonders wichtig erscheint. Arbeiten Sie nach dieser Strategie eine Woche lang. Sie müssen nicht das Gefühl haben, daß Sie einen vollkommenen Erfolg erreicht haben, bevor Sie weitermachen. Versuchen Sie aber nicht, alle Vorschläge gleichzeitig umzusetzen. Wählen Sie nur einen einzigen aus.

Schritt 3

Gehen Sie zu Kapitel 4 »Machen Sie sich nicht länger etwas vor«. Dieses Kapitel dient dazu, Ihnen dabei zu helfen, den übermäßigen Einsatz von selbsttrügerischen Selbstverteidigungsmechanismen zu vermeiden. Selbstverteidigungsmechanismen sind die Arten, mit denen sich das bewußte Ich gegen Bedrohungen seiner Unversehrtheit schützt.
Gehen Sie zu dem Abschnitt mit der Überschrift »Verteidigungsmechanismen vermeiden«. Wählen Sie eine Strategie gemäß den Instruktionen beim zweiten Schritt. Folgen Sie demselben Verfahren, wie es im zweiten Schritt erklärt ist. Gehen Sie nach einer Woche Anwendung weiter zum vierten Schritt.

Schritt 4

Gehen Sie zu Kapitel 5 »Den Minderwertigkeitskomplex besiegen«. Das Ziel dieses Kapitels ist es, Ihnen dabei zu helfen, ein psychologisches Minus in ein psychologisches Plus

umzuwandeln. Unzulänglichkeitsgefühle spielen oft eine wichtige Rolle bei chronischem Hinausschieben. Es ist schwierig, sich vorwärtszubewegen, wenn man Zweifel an seiner Fähigkeit hat, das zu tun.
Suchen Sie die Überschrift »Den Minderwertigkeitskomplex besiegen«. Wählen Sie eine Strategie gemäß dem Verfahren aus, das im zweiten Schritt beschrieben ist. Gehen Sie nach einer Woche Anwendung weiter zum fünften Schritt.

Schritt 5

Gehen Sie zu Kapitel 6 »Niemand ist ein geborener Zauderer«. Dieses Kapitel nähert sich chronischem Hinausschieben als einer Angewohnheit, die gebrochen oder gemildert werden muß. Eine Angewohnheit ist erlernt, und was man gelernt hat, kann man auch wieder verlernen. Unter diesem Gesichtspunkt gibt es Hoffnung.
Suchen Sie den Abschnitt »Ausbrechen«. Fertigen Sie gemäß den Instruktionen des Kapitels eine Gewohnheitsanalyse an. Arbeiten Sie etwa eine Woche lang an Ihren spezifischen Aufschiebgewohnheiten, und gehen Sie dann zum sechsten Schritt weiter.

Schritt 6

Gehen Sie zu Kapitel 7 »Die Träume und Ziele erreichen«. Dieses Kapitel behauptet, daß eine der besten Möglichkeiten, Aufschieben zu vermeiden, darin besteht, sich selbst zu fragen: »Was will ich erreichen?« Sein wichtiges Thema wird in dem Untertitel zum Ausdruck gebracht: »Worin besteht der Wert des Laufens, wenn man sich auf dem Holzweg befindet?«
Suchen Sie den Abschnitt »Praktische Vorschläge«. Wählen Sie eine Strategie nach dem Verfahren, das im zweiten Schritt beschrieben wurde. Gehen Sie nach einer Woche Arbeit weiter zum siebten Schritt.

Schritt 7

Gehen Sie zu Kapitel 8 »Zwischenmenschliche Aspekte«. Dieses Kapitel basiert auf der Voraussetzung, daß Ihre Beziehungen zu anderen Menschen oft viel mit Ihrem Hang, Dinge hinauszuschieben, zu tun haben. Selbstzerstörerische Spiele und Machtkämpfe stören konstruktives Handeln. Suchen Sie den Abschnitt mit der Überschrift »Verarbeitungsstrategien«. Wählen Sie eine Strategie gemäß dem Verfahren aus, das im zweiten Schritt beschrieben wurde. Gehen Sie nach einer Woche Anwendung weiter zum achten Schritt.

Schritt 8

Gehen Sie zu Kapitel 9 »Ein Mensch der Tat werden«. Kapitel 9 unterscheidet zwischen reaktivem und proaktivem Verhalten. Eine Reihe Tips wird hier vorgestellt, die Ihnen dabei helfen werden, Ihre Fähigkeit zu proaktivem Verhalten zu entdecken.
Suchen Sie den Abschnitt mit der Überschrift »Verantwortung übernehmen«. Wählen Sie eine Strategie aus, die Sie stark anzieht. Gehen Sie nach einer Woche Anwendung weiter zum neunten Schritt.

Schritt 9

Gönnen Sie sich eine Woche Pause. Arbeiten Sie nicht bewußt daran, damit aufzuhören, etwas hinauszuschieben. Natürlich haben Sie nach fast acht Wochen Arbeit wahrscheinlich ein paar neue Verhaltensweisen angenommen. Vielleicht haben Sie das Problem zu Ihrer Zufriedenheit gelöst. Wenn dem so ist, großartig! Legen Sie das Buch zur Seite, und leben Sie Ihr Leben weiter.
Andererseits können Sie aber auch erkennen, daß sich in Ihrem Verhalten zwar eine große Verbesserung eingestellt

hat, daß aber noch einige Arbeit nötig ist. Wiederholen Sie das Programm.

Lernen, damit aufzuhören, etwas hinauszuschieben, ist genau das, was der Name sagt: *Lernen.* Glücklicherweise gibt es ein in der Psychologie weithin bekanntes Phänomen, das *Lernen lernen* genannt wird. Wenn wir etwas lernen, lernen wir nicht nur eine spezifische Tatsache, einen spezifischen Begriff, eine Fähigkeit oder Gewohnheit, wir werden auch bessere Lerner. Im Falle des Anti-Aufschub-Programms bedeutet das, daß das Lernen leichter wird, wenn man damit Erfolg hat. Erfolg liegt oft in einer Bereitschaft, beharrlich zu sein und zu wiederholen.

Wiederholung wird Sie zu einem Meister der selbstverordneten Strategien machen, die in diesem Buch vorgestellt werden.

Ein Wort zum Schluß

Bewahren Sie *Nichts mehr aufschieben* an einem Ort in Ihrer Nähe auf. Wenden Sie sich dem Buch zu, wenn Sie sich zu unnützem Aufschieben hingezogen fühlen.

Betrachten Sie Ihre wachen Momente in jedem 24-Stunden-Zyklus als großartige Gelegenheiten, zu arbeiten, zu spielen oder zu lieben.

Machen Sie noch einmal die Worte *carpe diem* zu einem wichtigen Bestandteil Ihrer Lebensphilosophie. Nutzen Sie den Tag!

Merksätz

- Dieses Kapitel stellte zwei alternative Vorgehensweisen vor, die dazu erdacht sind, Ihnen dabei zu helfen, nichts mehr aufzuschieben.
- Die erste Alternative ist die Vorgehensweise mittels des

schwächsten Gliedes. Wenn Sie diesen Ansatz umsetzen, folgen Sie Ihrer Intuition und unbewußten Neigungen.

- Die zweite Alternative geht systematisch vor. Es handelt sich dabei um das Anti-Aufschub-Programm in neun Schritten, das in diesem Kapitel dargestellt ist.